実はとっても簡単！

儲かる輸入部門のつくり方・はじめ方

日本輸入ビジネス機構　理事長
大須賀祐

はじめに

今、あなたに一刻も早くお伝えしなければならないことがあります。

それを知らないと、あなたは確実に時代から取り残されてしまいます。

ご存知でしょうか？　貿易が自由になり、以前より輸出入がしやすくなっていることを。

２０１８年３月に11カ国による環太平洋パートナーシップ協定（ＴＰＰ）の署名式が行われ、さらに翌年の２０１９年２月には日本・ＥＵの経済連携協定（ＥＰＡ）が発効されました。

このように貿易の自由化の流れは、着々と進んでおり、さまざまな障害はあるものの、**関税フリー**の世界が広がりつつあります。

すでに欧州からやってくる輸入品の関税は、引き下げがはじまっているのです。

「それが私に何の関係があるんだ！」あなたはそう思っているかもしれません。

でも、もう少しだけ私の話を聞いてください。

日本は今後、人口減少に伴い消費が徐々に減り、経済規模の縮小が予想されます。さらにＡＩなどの発達により、衰退する産業も出てきました。

経営者の中には「なんとかしなければ事業が継続できない」と危機意識を強めている方もいるでしょう。それでいて、「お金のかかる投資は難しい」と悩んでいる方も多いはずです。

本業は頭打ち、新規事業にお金をかけられない、経費は上昇中……。来年、３年後、５年後を見通せるような事業計画を描けない……そういう企業も多いのではないでしょうか。

そこで、私からの提案です。

今すぐ、御社に輸入ビジネス部門をつくってください！

「輸入ビジネス？　うちには、人もノウハウもないのでムリですよ！」

いえいえ。それが大間違いなのです。

ひとたびリーマンショックのような大きな痛手を受けると、回復まで何年もかかるだけではなく、慢性的な赤字体質に陥ったまま抜け出せずにいるケースもあります。赤字が連続し、事業の継続そのものが危ぶまれる前に、輸入ビジネスを事業に加えるのです。

□ 100万円からはじめられる

私がコンサルティングをしている30代のヨガ教室を開いている女性は、たった1人で輸入ビジネスをはじめ、わずか3年で大手小売チェーンで販売するヒット商品を手がけました。

その女性以外にも、東急ハンズ、ロフトや大手百貨店などに卸している小規模な会社がいくつもあります。

1人の担当者または1人の経営者からはじめられるのが、輸入ビジネスの魅力です。本業に影響せず、設備投資も不要。最初の一歩は、最低100万円あればきちんと踏み出すことができます。

しかも、一度キリの商売ではありません。ヒットだけを狙うギャンブル的な商売でもありません。最初から永続性を備えた仕組みがあるので、事業規模をいたずらに大きくしなくても、**ずっと小規模のまましっかり稼ぐこともできますし、もちろん拡大していくこと**

もできます。

「何か、いい新規事業はないか？」と思っても、初期投資であるとか参入の難易度、さらにその後の継続性に不安があって踏み出せないことも多いはずです。

わずか１００万円からはじめられる新規事業は、そうそうありません。しかも、これまで輸入や貿易に関わったことのない人でも、はじめることができて、成果を上げています。

□ 5つの不安を解消しよう

「誰でもできます」「簡単です」「少人数で小規模投資ではじめられます」と言っても、あなたは「何か罠があるだろう」「どこかに落とし穴があるだろう」と思われるでしょう。

こうした不安の理由は、大きく次の５つに含まれるのではありませんか？

① 英語ができないとダメなのでは？

② 運輸、通関、税金、書類などがとんでもなく面倒では？

③ 名も知られていない中小企業や個人事業は、海外で相手にされないのでは？

④ 巨大資本がないと、はじめられないのでは？

⑤輸入した商品は本当に売れるのか？

私のところに相談しにくるほとんどの人は、この5つのどれかを質問してきます。

一方、すでにはじめている人たちは、この5つのどれも不安視していません。輸入ビジネス経験者は、この5項目を、不安とも壁とも感じていないのです。輸入ビジネス未経験者だけが、すべてを不安と感じてしまうのです。なぜでしょうか？

この点については第1章をお読みいただければ、きっと不安どころかチャンスであることをご理解いただけるでしょう。

□メーカーとなって価格決定権を持とう

輸入ビジネスでは、ものをつくって販売する、つまりメーカーの立場となります。とはいっても、何億円規模もの投資などは不要です。

また、輸入ビジネスと言うと、「転売」を想像する人も多いでしょう。海外のショップなどから買ってきたものを、アマゾンに出品してみたり、インターネットを通じて小売りすることが盛んに行われています。しかし、私はそれを輸入ビジネスとは呼びません。

海外の生産者から、直接自らが輸入したものを日本の販売業者を通してあまねく日本中に広めていく。これが私のオススメする王道の輸入ビジネスです。

その利点の第一は、あなたが価格決定権を持てるということです。さらに独占販売権があればなお強力です。輸入ビジネスは、価格決定権を握り、粗利率50％以上で販売することで、安定した利益を確保できる事業としていくことができるのです。赤字になりがちな本業を、輸入ビジネスで補うことができます。

また、本業に使う資材などを輸入できれば、原価を下げることにもつながるので、本業の収益改善にもなるはずです。

本書を手に取ってくださったあなた！

実はとっても簡単でしっかり儲けを狙える輸入ビジネスの扉を開けましょう。

大須賀 祐

もくじ

第2章 価格を制するものが商売を制する

第3章 商品発掘とその価値の伝え方

第4章 さぁ、輸入部門を立ち上げよう

第5章　輸入部門を永続的に続けるには

第6章　輸入部門の実務はカンタン！

・編集協力 舛本哲郎
・装丁 大場君人

第 1 章

今すぐ輸入ビジネスを
はじめるべき８つの理由

1

50%を超える圧倒的に高い粗利益率

あなたは、なぜ今、輸入ビジネスなのか、と思っているかもしれません。その最大の魅力は、粗利益率の高さにあります。最低でも50%。通常なら、70%~80%。多い人で85%~90%です。

これは机上の空論ではありません。輸入ビジネスの世界では、メーカーからの仕入れ値10円の商品を1980円で数年にわたって販売した人もいるのです。

高すぎると驚かれたでしょうか?

いいえ。現在ビジネスをされているあなたならお気づきでしょう。粗利50%以上を確保しなければ、そのビジネスは長く続かないし、生き残れないのです。

しかし、今の日本の仕組みではそれが難しいのです。なぜなら、日本市場が特殊だからです。

例をあげましょう。定価１０００円で販売されているAという商品があったとします。それは一般生活消費財です。これをあなたが仕入れるとしましょう。商品は、いくらで仕入れられるでしょうか。

６００円程度でしょうか。よほど大量に仕入れて５００円でしょうか。いずれにせよ、あなたがお店で売るときには、１０００円以下でしか売ることはできません。

最大１０００円。セールをすれば９００円とか８００円、最悪の場合半額になってしまいます。

メーカー主導で定価を維持させることは、法律でできないことになっています（書籍など一部を除く）。それでも**メーカー希望の価格は現存し、実質的に日本ではメーカー主導、業界主導で販売価格が決まっています。**

６００円で仕入れ、１０００円で販売することができても粗利は40％です。経費率はどのぐらいでしょう。ものによるでしょうし、ビジネスのやり方にもよるでしょう。しかし、ざっと35％～45％ぐらいの経費がかかっているはずです。

定価で売ってもギリギリの利益しか残りません。まして値引きやセールをしたら……。

あなたのビジネスは、あっという間に赤字になってしまいます。

このような定価制度は日本の常識ですが、世界ではありえないのです。定価があるために、私たちの粗利益は常に大きく抑えられてしまっています。

今の日本市場では、誰が扱っても、その商品から得られる儲けは価格の50％以下になってしまうことが多いのです。市場価格は定価以上になることはまずなく、定価以下へ下げる圧力しかありませんので、仕入れ価格を下げない限り、私たちの粗利益は向上しません。

研究熱心なあなたのことです。本来ならば10円で買った商品を１０００円で売ることもできるはずです。できるだけ自分の儲けを大きくしたいと考えるのはビジネスの基本中の基本です。

10円で仕入れたものを、１００円で売れないか、いや１０００円で売れないか。それが本来の商売ではないでしょうか？　そして、商売人の能力ではないでしょうか？　ですが、それを最初から否定されているのが、定価制度に基づいた日本市場の特殊な現状なのです。

これでは、黒字にしたくても困難で、赤字になってしまうのも当然でしょう。

本来、メーカーから仕入れた製品をいくらで売るかは、あなたが自由に決めていいのです。いや、決めるべきです。それが世界の常識なのですから。

輸入ビジネスは、自由な価格設定ができます。値引き合戦につき合う必要もありません。海外メーカーとの直取引によって、私たちが価格決定権を得て、市場に流通させることができるのです。

さきほど、輸入ビジネスの粗利は70％以上も珍しくないと述べましたが、現実に世界の企業の多くが、この程度の粗利を当然のように確保しています。

ギャラリー・ラファイエットをご存知ですか？　パリに本店のある百貨店です。そこで３０００円で売られている商品があるとします。これをいくらで仕入れているかご存知ですか？　なんと９００円くらいで仕入れているのです。

粗利70％くらいなければ、商売が成り立たないことを、世界の商売人は常識としてよく知っているのです。

失礼ですが、あなたの会社でも、努力して経費を35％～38％ぐらいに抑えたとしても、会社には１％か２％しか利益は残らないのではありませんか？　世界情勢の変化などで、経営が厳しくなったら、この利益では立ちゆかなくなるでしょう。

うまくいっているようでも、自転車操業に陥り、現状維持が精一杯。とても拡大再生産にはなりません。

この状況を突破できるのは、大資本による商品開発によって価格決定権を持つか、独自技術を持つなどして価格決定権を得た企業ぐらいのもので、大多数の日本の中小企業にはできません。会社規模も大きくなりませんし、新しい事業に投資する余裕もなく、維持するだけでも大変な努力が必要です。

でも、今まで日本の企業はそれでやってきたじゃないかと、あなたは思うでしょう。しかし、その背景には、高度経済成長があったのです。1954年（昭和29年）から1973年（昭和48年）までの19年間、ほぼ毎年10％ぐらいのGDPの成長がありました。1955年のGDP（国内総生産、名目）は8兆3380億円。1990年は437兆2200億円ですから、約51倍になったのです。

これがどれほどの異常なことか。たとえるなら、今、年収1000万円の人が、35年働いたら定年時の年収が5億1000万円になる計算です。

そのため、当時は粗利が少なくても高回転で資金が回っていき、売上高はどんどん伸びるので、商売を維持できたのです。

しかし、それがピタッと止まってしまいました。

1990年以降の成長は毎年、1%とか2%です。マイナスの年も多く、ひどいときは成長がマイナス4%以上にもなっています（2008年）。

こうなると、経営はいっきに苦しくなります。粗利率がそもそも低すぎたので、経費の負担が大きくなり、儲からなくなってしまったのです。コスト削減ばかりが叫ばれ、事業を維持するために人を減らし、給与を上げないようにしてきました。これでは誰も幸せになれません。

今から、この特殊な日本市場で新規事業を興そうとしても、うまくいかない確率が高いことはおわかりになるでしょう。

これからは、世界の常識（デファクトスタンダード）で商売をしていきましょう。粗利50%以上のビジネスをするのです。輸入ビジネスがまさにそれなのです。

輸入ビジネスは、なぜ50%以上の粗利を確保できるのでしょうか？

それは、**自分で粗利を設定できるからです。定価を決めるのはあなたなのです。**

海外のメーカーは、日本の商業流通の仕組みとはまったく無関係な立ち位置で仕事をしています。

日本の流通は、『メーカー↓商社・問屋↓小売』といった段階を経るのが常識になっていますが、その結果、メーカーが決めた小売価格から、商社・問屋も利益を得なければなりません。

ですが、海外のメーカーは、そのほとんどが小売店への販売という形を取ります。問屋という形態はありませんので、中間で利益が取られることもありません。

もちろん、市場価格、相場というものがあります。これは輸入品も同様で、同じような化粧品ならいくら、文具ならいくら、玩具ならいくらという目安はあります。しかし飛行機というタイムマシンを使って、日本よりも未来、もしくは過去の世界の差別化された商品を発掘し、日本市場に持ち込むことで、理想的なビジネスにしていくことができるのです。

2 小が大に勝てるフェアな世界

輸入ビジネスの魅力は粗利だけではありません。

あなたの**会社の看板で取引条件などが左右されることはありませんし、新規参入でも問題なくフェアに取引ができます。**

海外メーカーはあなたが何者か、どんな会社かはあまり興味がありません。

海外メーカーにとっての関心事は、あなたが自分たちの製品をどれぐらいの量を、どれぐらいの期間にわたって買ってくれるのか、です。これ一点だと言っても過言ではありません

彼らは自分たちの商品に誇りを持っています。同時に、買いつけにきてくれた人たちを顧客として平等に扱います。日本で名の知れた企業であるとか、社歴があるとか、実績があるといったことは、あまり評価してくれません。

熱意のある人、やる気のある人と取引をしたいと願っているのです。

とくに欧州のメーカーの多くは、**日本の「会社」と取引するというよりも、自分たちの商品を売ってくれる「個人」と取引したいと思っています。**組織ではなく、個人が重視されます。


日本国内の取引では、肩書きや名声が取引に大きく影響を与えます。企業規模によって取引条件が変わっていくのです。大企業の名刺を出せば有利な取引ができ、中小企業の名刺では、参入することもなかなか苦労してしまうのが現状です。

「これ、いくらですか?」とメーカーに質問しても、個人事業主がするのと大企業の仕入れ担当がするのとでは、返事が違ってきます。こんなやりとりになるのではないでしょうか。

「希望小売価格は120円です」

「では仕入れ値は?」

「どちら様ですか?」

そこで、名刺を渡して、相手はその名刺から信用度や取引規模を瞬時に判断して、価格を変えてくるのです。

大企業の名刺なら「90円です」と言うかもしれませんが、中小企業には「60円です」と言うかもしれません。または「取引できません」と言われる場合もあるでしょう。交渉のスタートラインがまるで違うのです。

海外のメーカーの多くは、出荷価格はすべての人に対して等しく決まっていて、それをズバリ言ってきます。こちらの規模とか看板は関係ありません。個人事業だろうと大手商社だろうと、スタートラインは同じです。あとは発注量などによって変化していくだけです。

これは文化の違いもあります。そもそも海外には定価が存在しないので、メーカーは末端の小売価格には関与しません。価格は売る側の流通方法、宣伝方法、アフターサービス費用などによって、自由に決めて構わないことになっており、メーカーは口出しができません。

輸入ビジネスの最大の特徴の1つとして、純粋に商売としての知恵、目利き、努力を、価格に反映させられる点があげられるのです。

ある個人事業主は、輸入ビジネスに取り組み、個人であるにもかかわらず海外メーカーと独占販売契約を結び、日本の大手小売チェーンとの取引を成功させています。

大手小売チェーンの東急ハンズやロフトのようなお店は、個人事業主との取引はしていないと思われているかもしれませんが、輸入ビジネスを業にすれば可能です。

輸入ビジネスは、圧倒的な差別的優位性を持った商品を扱います。ですからあなたの会**社の規模とは関係なく、その商品を売りたいお店や企業と取引することができます。**独占販売権を得ればさらに優位になるのです。

中小企業がこれから輸入ビジネスに取り組むのなら、**既存の事業にプラスして売り上げや利益を増やすことができますし、既存の事業で仕入れている製品や部材を輸入することで原価を下げて粗利率を拡大させることも可能です。**

売り上げが前年とまったく同じでも、利益が10倍になるとすれば、どうですか？　輸入ビジネスなら可能です。今から新規ビジネスを立ち上げるなら、そのような夢のある分野を目指すべきでしょう。

実際に別の事業から参入した企業が、輸入ビジネスを新事業としてはじめて、今ではそれが経営の1つの柱になっている例もあります。

あなたが、もしもある商品の日本での独占販売権を手にしたら、どのような商売ができるのでしょうか？　その商品が欲しければ、大企業だろうが大組織だろうが、あなたを通さなければ買えないのです。そんなポジションに興味はありませんか？

私は、世界の先進国と日本の待遇格差を埋めたいと願っています。あなたは長時間、苦労して仕事をしている割には、思ったほどの報酬を得ていないのではないですか？　それが日本の構造です。一方、海外の先進国では残業することなしに、時間は好きに取れ、それでいて私たちよりも豊かな生活ができている。おかしくないですか？　このままでいいわけがないと思いませんか？

あなたががこれだけ働いているのなら、もっと報われていいはずです。私はこの問題を根本から解決したいのです。

小が大に勝てるフェアな輸入ビジネスによって、あなたが受け取るべき豊かさを世界的なレベルまで引き上げたいのです。

3 低リスクで参入が可能

輸入ビジネスは、低リスクであることも魅力の１つです。

「立ち上げに、いくらかかりますか?」と聞かれることが多いのですが、「１００万円からはじめられます」とお答えしています。

多くの経営者からは、「ホントですか？　１００万で新規事業ができるんですか？」と驚かれます。

輸入ビジネスの実務は、海外に渡航し、商品サンプルを入手して、日本の展示会で商品をアピールするという流れになります。この**渡航費用、商品サンプル費用、日本での展示会出展費用をすべて入れて１００万円程度から参入できます**（商品の管理費や通関の代行業務などの費用は除く）。これが必要最小限の投資です。

人員も最初はあなた自身のみ。１人ではじめられます。

渡航費用は格安航空券などのおかげで、やりようによってはかなり節約できます。あなたが持っているマイレージを使うのもいいでしょう。

サンプル費用は商品次第なので、数万から数十万みます。

展示会出展費用はだいたい70万円ぐらいです。これが一番、大きい費用でしょう。

設備投資はいりません。今ある机、今ある電話、今あるパソコンやスマホ。そのままで構いません。

「展示会の費用はかなり高く感じますね」と言う人がいます。本当に高いのでしょうか？何と比べて高いのでしょう？

一度展示会に出ると、少なくとも100社ぐらいの人と会うことができます。つまり、1社につき7000円の経費で名刺交換して、商品のアピールができるのです。このコストを本当に高いと思われるのでしょうか？

今の時代、企業の代表電話番号に電話をしても、担当者にはなかなかつながりません。担当者を知っていなければ、電話もメールもできません。アポも取れません。会ってもくれません。

ＤＭを送るとしたら、いくらかかりますか？　新聞に広告を打ったらいくらかかりますか？　きっと数十万円単位、新聞広告などは数百万円規模でしょう。

仮にそれをやったとしても結果はどうでしょう。１００社以上からレスポンスがあるでしょうか？　到底そんなに多くの反応はありません。よくて１％程度、１０００社にＤＭを送って、期待できる反応は10社以下です。

それに比べると展示会は魅力的です。

実際に、展示会に出展して熱心に活動し、４００社以上の責任者や担当者と直接話をして、名刺交換した人もいます。これなら、１社１７５０円。こんなに安上がりな方法は他に考えられません。

ＢtoＢのビジネスなら、この中から1社でも取引先が見つかれば、ほぼ継続的に顧客となっていただけるチャンスがあります。

つまり、継続性を考えれば、展示会費用など、ほとんどタダのようなものだと言えるのです。

渡航費用も、旅行好きな人なら、ビジネスでなくても毎年ある程度は出費されているでしょうから、もはや経費としてそれほど大きく意識するものでもないでしょう。

一般的に新規事業をスタートさせるときに、あなたはどれぐらいの資金を用意しなければならないとお考えでしょうか。

もし都内で飲食店をはじめようとすれば、最低でも1000万円以上の資金が必要になります。

大手コンビニの加盟料だけでも200万~300万円ぐらいはかかるものです。もちろんその他の出店費、運転資金なども含めればあっという間に2倍、3倍に膨れ上がるでしょう。

すでに事業を開始されている企業、個人事業主のあなたが、新たな収益源として取り組むとすれば、100万円程度からはじめられる輸入ビジネスは低リスクの事業と言えます。多大な借り入れも不要です。設備投資もいりません。今いる人員で、場所で、スタートができます。

もちろん、実際にあなたが商品を見つけてきて、日本での販売に至るまでに半年から9

カ月ぐらいはかかりますが、本業の傍らで進めていくことができるのです。

私のセミナーに参加して輸入ビジネスをはじめているのは、企業ばかりではありません。サラリーマンが副業ではじめる例もあります。

29歳、39歳、49歳、59歳といった、次の10年、20年を真剣に考えている人たちは、退職金を念頭に、どの程度のリスクが取れるのかを計算して、ぞくぞくと輸入ビジネスに参入しています。個人差はありますが、自分の未来への投資と割りきって、ビジネスをはじめている人も多いのです。

4 世界的な関税フリーの流れ

日本が、世界的な一大貿易圏の一部となる時代となりました。

はじめにでも触れましたが、2018年末に環太平洋パートナーシップ協定（TPP）が発効され、日本に輸入される商品の関税は、最終的に全廃される予定です。また2019年2月には日本とEUの経済連携協定（EPA）が発効され、すでに関税の壁がなくなりつつあります。

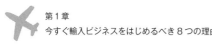

また日米間でも貿易協定の交渉が進められており、関税撤廃への動きは世界規模で加速しています。

相互に市場を解放していきますので、輸出も輸入も、これまで以上に活発になっていくと見られています。

これまで日本の主な輸入品として、原油、LNG（液化天然ガス）、衣類、スマホなどの通信機器が知られてきました。

そして何よりも、貿易と言えばこれまでは輸出がメインで、いかに日本の産品を国外に売るかに重点が置かれてきたのです。貿易の本や統計なども、輸出関連がとても目立ちます。

しかしこれからは、海外のメーカーが日本へ輸出しやすくなったので、さまざまな商品が日本市場を目指してくると考えられます。

多くの海外のメーカーは、**あなたが輸入ビジネスをしている日本人とわかればきっと歓迎してくれるはずです。**

すでに各国の大使館などでは、輸入してくれる業者向けに便宜を図ってくれる例もあり、私の周りでも、大使館主催の海外展示会ツアーに招待されたり、要人を紹介されるなど、期待感は増すばかりです。

今こそ、輸入ビジネスをはじめるいいチャンスであることは明らかです。

今後、グローバル化の流れは、ますます加速されていくことでしょう。来日する外国人観光者が急増したように、世界中から、モノやサービス、安価な労働力が押し寄せてくるはずです。

このような**自由なグローバル社会で求められるのは、「個人や企業が他国民と自発的に経済取引をはじめることができる自由と能力」**だと私は考えています。

残念ながら日本の大手企業は、決断に時間がかかるため、この時流に乗ることは難しいでしょう。組織力や看板があまり評価されない海外メーカーとの折衝となったら、熱意あるあなたのほうがずっと優れているのは自明の理なのです。

これから日本でビジネスを立ち上げるのなら、国境を越えて経済活動を行う「能力」が不可欠です。輸入ビジネス的発想は、まさにこうした時代にふさわしいものです。この潮流に乗って前進していきましょう。

5 意外に簡単

輸入ビジネスは科学です。科学である以上、やり方を学んできちんと手順を踏めば必ず結果が出ます。定理、法則、公式があります。だからそれを学べば簡単に誰でもでき、1人からでも挑戦できます。

ここでは、「はじめに」で示した輸入ビジネスをはじめようと考えたときにあなたが感じる5つの不安に、お答えしていきましょう。

① 英語ができないとダメなのでは？

語学をネックに思う人も多いでしょう。英語ができればそれに越したことはないですが、大切なことは語学より立場です。こちらが買う側であれば、語学はそれほどの問題ではありません。**買う立場であることをはっきり示せばいい**のです。

世界に76億の人がいるのですが、なんと英語がネイティブな人口は約4億～5億人しかいないのです。つまりほとんどの国の人にとって、英語は第二、第三の言葉です。欧州では英語が苦手な人もたくさんいるのです。

翻訳機、スマホアプリ、Google翻訳などが発達していますので、このようなものを活用して商談している人も増えてきています。

つまりあなたは、海外へ行ったときはお客様なのです。語学は二の次、大事なのはビジネスです。

逆の場合でもそうでしょう。遠くから買いにきたお客様に、多少の言葉の問題があるからといって追い返す人はいないでしょう。

② 運輸、通関、税金、書類などがとんでもなく面倒では？

物流をはじめ、輸入関係の手続きはすべてプロに任せることができます。今から手続きの本を読んで勉強する必要はありません。それよりもビジネスを前に進めることのほうが大事です。

試しにネットで「通関代行」でキーワード検索してみてください。ずらりと代行してくれる会社が出てきます。

世の中にはすでに、何十年にもわたって、専門的な業務に携わり高い知識や経験を持つ人たちがいます。すべてを自分で学んでやるよりも、こうしたプロフェッショナルを活用したほうが間違いありません。**自分の足りない部分はプロに頼ることをオススメします。**

在庫も業者に委託できます。私はあなたに物流に絡まないことをオススメしています。在庫を自分たちで持ってしまったら、物流をしなければならず、これが想像以上の負担になります。すべて外注で対応していきましょう。

少人数ではじめるなら、難しい部分はしっかりとしたビジネスパートナーに任せてしまうという方法が、輸入ビジネスでは選択できるのですから。

私たちがこれからやるべきは、海外にある優れた商品を見つけて、いち早く日本市場に紹介する仕事です。どこに時間を割くべきか、どこにお金を使うべきか、おわかりでしょう。これからすべきことは、大きな総合商社をつくることではなく、小さくても輸入ビジネスをはじめることなのです。

③ 名も知られていない中小企業や個人事業は、海外で相手にされないのでは?

この点は、すでに私のコンサルティングや私のセミナーなどを受けて事業をはじめた人たちは、軽々と突破しています。

細かいことは第4章でお伝えしますが、海外メーカーには、そのような日本的な「看板」への執着はほとんどありません。

また、私たち同様の小規模のメーカーや歴史のあるファミリービジネスなども参加しており、出会いを歓迎されることのほうが多いのです。例えばイタリアでは、1人、2人で経営しているファミリービジネスがとても多く、**私たちが「1人でやっている」と説明しても、それに対して不信感を持つことはありません。**

もちろん特殊な展示会などでは、日本の大企業しか相手にしないとするメーカーもありますが、そういうところとは話をする必要はありません。私たちの輸入ビジネスを理解してくれるメーカーは、他に無数にあるのですから。

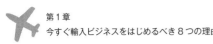

相手先は信用できるのか、という質問もよく受けます。「ちっぽけな私たちを相手にしてくれるような、小さな海外のメーカーは大丈夫なのか？」というわけです。

相手企業の信用度は、どのような展示会に出展しているかを見て判断できます。有力な展示会には、信用のない企業は出展できません。

展示会を開く主催者側からすれば、買いつけにくる私たちは大事なお客様なのですから、その人たちをあざむき損をさせるような企業を極力排除しようとしています。

ですから、できるだけ権威のある展示会を回ることで、リスクを減らすことができます。

もちろん、100％安全とは言えません。私も昔、被害に遭ったことがありますからね。

しかし、優良な展示会に行く、それだけでかなり安全性は高まります。

優良な展示会については、日本輸入ビジネス機構（JAIBO）の「展示会カレンダー」（https://jaibo.jp/exhibitioncalendar/）で調べることができます。

④巨大資本がないと、はじめられないのでは？

このことは、すでに、この章でお答えしています。1人ではじめられますし、最低100万円からスタートできます。

⑤輸入した商品は本当に売れるのか？

これも②の不安と同じく「プロと組む」ことで解決します。

自分たちで輸入した商品をすべて売りさばくといったビジネスモデルよりも、BtoBで、**小売は専門のお店に任せる**ほうが確実に売れます。私たちは、専門性を活かし、海外で商品を発掘し日本へ紹介することに専念するのです。

取引先の発掘は、日本の展示会で行えばいいのです。

では、ここで輸入ビジネスがどれぐらいハードルが低いものなのか、ちょっと例をあげてみましょう。

●塾経営の傍らで輸入ビジネス

Kさんは、地方都市で塾の経営をしていました。

少子化で塾経営が次第に厳しくなっていることから輸入ビジネスに興味を持ち、私と一緒にドイツの展示会へ行って商品を発掘してきました。

国内の展示会で出展を計画したのですが、帰国してから展示会までちょっと期間が空いてしまったので、試験的にその商品を自分の塾のサイトで紹介したのです。

すると、なんと購入の打診があったのです。しかも、海外超有名企業の日本法人から。

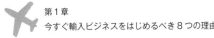

あまりのことに「これは、詐欺ではないか」と思ったので、相手に前金を振り込んでもらうことにしました。するとすぐに、100万円が振り込まれたのです。Kさんは、その中から70万円で商品を仕入れました。納品後に残金もきちんと振り込まれ、なんと357万6000円（上代ベース＝標準小売価格）を売り上げたのです。

異業種から輸入ビジネスに参入し、7カ月で外資系法人との売買契約締結までこぎつけて、今も順調に輸入ビジネスを継続しています。

●エステティシャンから年商1億目標へ

Sさんは当時30代の主婦。子供も手を離れたので何か仕事をしたいと資格を取り、エステティシャンになりました。お店は繁盛し、忙しくなったのですが、「これは続かないかも」と不安になってしまいました。年齢を重ねれば体力も衰えてくるだろうと思ったからです。

そこでレバレッジのきく輸入ビジネスに興味を持ち、私のセミナーに参加。さっそく香港の展示会へ行き商品を発掘しました。これを、日本国内の展示会に出展したところ、あるエステ会社の目に留まり、商談はトントン拍子に進みました。

エステ会社に販売しているこの商品の仕入れ価格は定価の約1／10。つまり驚異の80％

の粗利ということになるのです。

それから2年、個人事業を法人化し、「現在は、年商1億円に挑戦中」です。

しかもこれは、Sさんと娘さんの2人だけで営業しているのです。

いい商品はいい人脈にもつながり、いい取引先からはさまざまなことが学べるので、これを機にSさん自身も自然に企業人として成長していくことになりました。

●副業からのスタート

Nさんは地方都市のサラリーマンです。セミナーに参加し、サラリーマンのままドイツの展示会に行き、商品の発掘をしました。それを日本の展示会に出展したのです。

なんと3日間の展示会で、1500万円の受注がありました。おまけに展示会で430社もの見込み客の名刺を得られたのです。

この事業は、3年後、年商3000万円規模になりました。

このように、まったく未経験でも、自身の得意な分野を活かすなどして輸入ビジネスを軌道に乗せています。

6 永続的な取引関係を構築できる BtoBビジネスモデル

輸入ビジネスは3年、5年、10年、20年と続けていくことのできるビジネスです。私も実業家として28年以上携わってきました。普遍性があり、一過性の商売ではなく、そのときどきの世界情勢や市場のニーズに合わせて変化させていくことができます。

例えば、アマゾンで販売する個人輸入がよく紹介されています。しかし、あれは輸入ビジネスとは言えません。そもそも個人輸入したものを販売するのは違法なのです。

私たちは、「アマゾンで売る」のではなく、「アマゾンに売る」ビジネスモデルです。アマゾンがお客様になってくれるようなビジネスモデルなのです。しびれませんか?

この**輸入ビジネスは、伝統的な「輸入卸売業」にあたります。BtoCではなく、BtoBの取引になります。**

自分たちで直接販売せず、他社の協力を得ることで、小規模、少人数、小資本でも継続的にビジネスを発展させていくことが可能になります。

あなたが見つけてきた商品を販売するのは、優れた販売実績のある全国の問屋、そして小売店や小売チェーンです。ここでは両者を便宜上、販売業者と呼ぶことにします。その販売業者内では、何万という商品が供給され販売されています。その流れの中に入っていくのです。

販売業者は、常にお客様に満足を提供するための商品を揃えておくことが肝となります。商品がなければ立ちゆかないのです。

このため、販売業者は常に商品を探し、確保しようと努めています。彼らも永続的に商売を続けたい。ですから、私たちとパートナーとなることができれば、こちらも永続的に取引をしていくことができるのです。

ただし、商品の寿命は永遠ではありません。新陳代謝が激しいと言ってもいいでしょう。今はタピオカが大人気ですが、５年後はわかりません。そういうものです。

販売業者は売れている商品を確保する努力も必要ですが、一方でその次の商品を常に探し続ける努力も必要で、常にこうした活動に取り組んでいます。

信頼関係ができると、取引先とのパイプは永続的につながっていきます。信頼関係をベースに、販売業者のフィードバックからも発掘のアイデアが湧いてくるのです。

さきほどの例で登場したエステティシャンのSさんは、商品を大手のエステ会社をはじめ複数の企業に卸しています。最終的な価格も、それぞれの卸先によって設定していますし、パッケージなども変化をつけています。

現地のメーカーがあり、輸入元であるSさんの会社があり、卸先の会社を通して販売されていく――。こうしたチャネルは、あなたが思っている以上にしっかりしたもので、一度築かれたチャネルはずっと続いていきます。

あなたが逆の立場でもそうでしょう。いい商品を見つけてきてくれる人がいれば、できるだけつながっておきたいと思うのではないでしょうか？　そして他に卸すより前に、こちらに教えて欲しいと思うのではないでしょうか？

そうした関係を築くことで、輸入ビジネスは何十年と続いていくのです。

輸入ビジネスをすることによって、いっきに全国へあなたの名が知れ渡ります。国内展示会で定期的に出展すると、知り合いが増えます。その人たちから期待を寄せられ、それが企業の成長につながるのです。

また、「とにかく楽しい」と言う人が、輸入ビジネスをはじめた人たちの中に多いのも特徴でしょう。海外の展示会へ行くのは、定期的に海外旅行へ行くようなものですし、そこで商品を発掘することはワクワクするイベントです。あなたが行く先々で多くの人たちとの出会いがあり、旅が仕事になり、仕事が旅になっていくのです。なんてロマンチックなことでしょうか。

輸入ビジネスはあなたの人生そのものになって発展していくので、いつまでも永く続けることができる事業です。

7 仕組みを自らが持てる

輸入ビジネスは、自分自身で利益を構築する仕組みを創造できる点が大きな魅力の1つです。

価格決定権を持てなければ、奴隷型ビジネスになってしまいます。人に決められた価格、相場観の中で必死に生き残ることが求められます。

でも、自分たちで見つけた商品を、売りたい価格で売ることができれば、この状況から脱することができます。これはいわばフランチャイザーとして仕組みを持つことなのです。

価格決定権を持つことが、ビジネスにとってどれほど有利なことかは、企業規模に関係なく、誰もがわかっていることです。しかし、それがとてつもなく難しく思えることでしょう。

ですが、実際に日本で現在、利益を大きく上げているビジネスは、自分たちで仕組みを構築できた企業ばかりです。

仕組みを自社で持つことで、はじめて大きな利益につながるのです。価格決定権もそこに含まれています。需要に応じて価格は変動するかもしれませんが、その価格を決めるのが自分たちである限り、常に、最大の利益を得られます。これは仕組みを持っている者だけの強みなのです。

こうした状況を構築するためには、自らメーカーとなって、自身で価格をつけられる立場を手に入れる必要があります。

ただしリアルなメーカーとして参入するのは、簡単ではありません。日本は「ものづくり」の国として長くやってきたので、歴史は長くその規模は巨大になり、世界規模にまでなっています。今から参入するには大資本が必要となります。

しかし、輸入ビジネスなら少ない人員、少ない資金で仕組みをつくることができます。

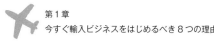

ですから私は**輸入ビジネスを「メーカー型ビジネス」と呼んでいます。**

ビジネスを立ち上げようとしたときに、「手軽さ」「簡単さ」を中心に考えると、次のようなものが候補にあがるのが常でした。

① 大手のメーカーなどの代理店となって販売をしていく

② フランチャイズビジネスに加盟して、ビジネスをはじめる

①の代理店になるには、メーカーが求める資格が必要となります。規模や人員、専門知識や技能などです。さらに一定の資本も必要です。手軽なようでも、誰もが参入できるわけではありません。

もちろん、そこで販売する商品やサービスはメーカー主導で価格・料金が設定されるので、その中で利益を出すことは簡単ではありません。

②のフランチャイズは、それに比べれば門戸は開かれていますが、数百万円から数千万円といった大きな資金が必要になります。

しかも仕組みを提供するフランチャイザーは確実に儲かりますが、フランチャイジーには価格決定権がないので、本部の決めた利益幅の中で行うしかないのです。必ず儲かるわ

けではないという厳しい現実があります。

いずれにせよ、手軽、簡単なようでいて、ビジネスとして利益を生み出し、成長を続けていくためには、かなりハードルが高い方法となってしまいます。

フランチャイズなら資金さえ用意すればすぐはじめられる。それは事実ですが、継続していくためには、なかなか簡単なことではないのです。

輸入ビジネスは、すぐにはじめられ、過度な投資をすることなく、自身がメーカーの立場を得られ、販売などで他社とアライアンスを組んで事業を進めていきます。

いろいろな人の力を借り、人をつないでビジネスをする。事業としての王道であり、リスクも少なくて済みます。

海外メーカーは、私たちの仕入れによって売り上げが立ちます。

私たち業者は商品が手に入ります。この商品は他にないものなので、差別的優位性を得られます。

販売店は新商品を投入することで新しい顧客の獲得につながります。消費者は見たこともない商品を手にする喜びと、活用する楽しみが得られます。誰も損をしない構造なのです。

メーカー、私たち、販売店、消費者、四方良しの構造です。

ビジネスの多くはゼロサムの世界です。勝つか負けるか。どっちかが勝ち、どっちかが負けていきます。ですが、それではいつ事業が終わりを告げるかわからないのです。永続性があるとは思えません。

四方良しのビジネスは、輸入ビジネスの持つ強みであり、それが永続性につながっているのです。

8 社会的・文化的にも価値がある

貿易は、商売の基本です。人類史上もっとも古い商売の1つなのです。

「シンドバッドの冒険」をご存知でしょう。千年以上前に書かれたこのお話には、インド航路の交易が描かれています。貿易を通して大金持ちになることを夢見ていた人たちが大勢いたことをうかがわせます。

私はポルトガルに行ったとき、ユーラシア大陸最西端であるロカ岬をたずねました。ここは、インド航路を発見したヴァスコ・ダ・ガマなどが立ち、見知らぬ新世界に思いをはせた場所です。いにしえの人々は、新たな航路を発見したい、新たな大陸を発見したいというような名誉心ではなく、貴重な香辛料であるコショウを手に入れようと、貿易のために危険を承知で船を出したのです。

まだ地球が丸いとは考えられておらず、どこかに世界の果てがあって、そこに行けば船ごと真っ逆さまに落っこちてしまうと恐れられていた時代にです。今の私たちよりも知識や情報はずっと少なく、不安は大きかったはずです。それでも多くの人たちが、夢を追って海に出たのです。

かつての人たちが、貿易のために船を出す勇気は、今なら月や火星に旅立つくらいのチャレンジだったに違いありません。

輸入ビジネスは、社会的・文化的にも価値のある仕事です。大航海時代の交易によって東洋と西洋でものや文化の交換が活発になり、西洋では東洋を発見し、東洋では西洋を発見したように、急激に文化交流が起こり、社会が豊かになっていきました。

輸入することは、新しい文化や価値観を取り入れることです。

こうして私たちは豊かになってきたのです。

今でこそ、イタリア料理と言えばトマトを思い浮かべますが、このトマトは南米が原産です。交易で欧州に渡ってくるまで、存在しなかった食べ物です。

キムチも、唐辛子があってはじめて生まれたおいしい食べ物ですが、唐辛子はもともと東南アジアの原産です。意外に思われるかもしれませんが、交易によって日本から韓国へと渡っていったものなのです。

紅茶やコーヒー、ファッション、ライフスタイルなど、今も見知らぬ国や地域で産まれたものが、私たちに変化をもたらしています。最近ではタピオカなどがその典型でしょう。

輸入ビジネスは、社会的、文化的にも価値のあるやりがいのある仕事です。

輸入ビジネスの実践者たち ①

ギフトショーで準大賞。わずか2年で全国から注文が

◎株式会社東京フェリストレード代表取締役 西村幸子さん（https://t-feliz.com/）

株式会社東京フェリストレード（東京都江東区）の代表取締役・西村幸子さんは、ＯＬをしながら副業的に事業をスタート。２０１８年に会社を立ち上げると香港の展示会へ。そこで「ゆいクッション」と出会った。

――東京ギフトショーで準大賞を取りましたね

実は、２０１８年９月に出展したときははじめてということもあって、商品をうまくアピールできませんでした。そこで２０１９年２月の出展では、真っ先に行って、コンクールのエントリー商品を目立つところに置くなどの工夫をしました。きちんとアピールができたので、商品の良さを評価していただけました。

――１人で事業をやっているのですか？

私１人で経営しています。これまで普通のＯＬとして、システム開発の仕事や経理・総務の仕事をしていました。自分のビジネスはもちろんはじめてです。

――不安はありませんでしたか？

不安は英語でした。外国の人と話したこともありませんでしたし、一緒に仕事をするなんて……。自分で会社を立ち上げることさえハードルが高いのに……。

――ですが、実行されたわけです

確かに言葉の障壁はあると思いましたが、人と人ですので、気持ちは伝わると思いました。言葉はグーグル翻訳、メールでのやりとりが中心でした。メールも写真でやりとりするとすぐ見てわかるので、思った以上にスムーズでした。

工場も見に行きましたが、そこからいっきに円滑になりました。会ってしまえば、人と人の関係は日本も海外も同じです。

――ご苦労もあるでしょう？

商品を輸入したときにバーコードが日本では読み込めないので、貼り替える必要が出てしまい、お金も時間もかかってストレスになりました。このあたりは日本の流通事情について深く学ぶきっかけにもなりました。

今は工場も協力してくれて、ミニマムロットで融通を利かせてくれるようになりました。最低1000個単位のところ、緊急で110個といった発注にも応じていただいています。

――営業活動はいかがですか?

展示会をきっかけとして全国の東急ハンズ、ドン・キホーテ、高島屋、京王百貨店でイベントをやらせていただきました。朝日新聞社のイベント、旅館やパン屋、雑貨屋さんなどでも紹介していただき、おかげさまで全国の小売店から注文をいただいている状態です。

東急ハンズでは、最初全国35店舗で販売することが決まりました。売りはじめてすぐです。1カ月ほどで170万円の売り上げが立ちました。ケーズデンキの40店舗でも置いていただいています。これも展示会からの引き合いでした。

――今後は?

商品の点数を増やして、お客様との共存共栄関係を築きたいと願っています。

また展示用に使った商品を、社会貢献に使えないかと、タイガーマスクとしてランドセルを寄付している方からコンタクトがあったので、これをきっかけに今後は児童養護施設に寄付していく予定です。

第2章

価格を制するものが商売を制する

1
赤字企業から脱却するには輸入をしなさい

私たちが経済成長できない現状から脱出するには、日本型商売の仕組みの悪い部分から抜け出す必要があります。

従来の仕組みの中でビジネスをしている限り、中小企業は成長できません。

ＧＤＰが１％程度の成長しか望めない現状では、このまま売り上げは増えない、努力しても現状維持。ビジネスを継続させていくことさえ困難が伴い、先が見通せない……。

ではどうするか。

輸入ビジネス部門を立ち上げることで、この状態から脱するのです。

輸入ビジネス的発想には、２つの考え方があります。

１つは、**現在の日本より未来の世界へ行き、未知の商品を仕入れる。**

あなたが、はじめて取り組むときには、一番入りやすい考え方です。日本より進んだ国へ行き、今の日本市場にない商品を輸入して販売するのです。この場合、日本の既存の価格体系から外れることができ、あなたは圧倒的に差別的優位性を持つことになります。

2つ目の考え方は、**日本より時間の進むのが遅い過去の世界へ行き、既存の商品を今より安く仕入れる。**

あなたの今の事業で、仕入れているものがありますね。それが、今より安く入手できたとしましょう。当然、粗利益率は劇的に改善しますね。同じものが見当たらなくても、海外メーカーで同等のオリジナル品をつくってもらうこともできるでしょう。

未来から商品を調達する手法は、現在のあなたのビジネスとはあまり関係性がなくとも実施は可能になります。

一方、今やっているビジネスと関連させるなら、仕入れを海外に変えるだけで利益が増えていきます。

この話をすると、「そんなことをしていいのか」と言う人がいます。

「原価を下げることができたら、販売価格も下げるべきではないですか？」

「原価より何倍も高い売価をつけるのは、ちょっと抵抗があります」

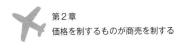

そういう声が出るのは、実際に日本企業で大きな利益を出している大企業や優良企業の仕組みをよく知らないからです。

価値あるものには、それにふさわしい価格があります。そして、多くのお客様は、その価値と価格が見合っている限り、価格はあまり問題にならず、商品から得られる効果に満足するのです。

スーパーブランド品を例にとりましょう。もし、あの有名ブランド品の市場価格が半値になったとしたら、うれしいでしょうか？　少し安く手に入ればうれしいかもしれませんが、中古品でもないのにあまり安くなると、ブランド自体の価値が揺らいでしまうのではないですか？

「安くなったブランド品を買ったけど、なんだか満たされない」と感じるのではないでしょうか。

日本特有の商習慣や、今あなたがお感じになったような「利益をそんなに乗せていいのか」といった感覚に支配されると、利益があまり出ない厳しい商売をし続けることになってしまいます。

過去に行くことで、同等品で輸入品が安くなる理由は明快です。国によって人件費、生活費が違うからです。日本よりも人件費の安い国なら、同じものが日本より安く製造できます。日本より生活費の安い国では、日常品の価格も、そもそも安く設定されています。ですから、過去へ行く、つまり日本がかつて辿った道に照らして、ずっと昔の状態にある国へ行けば、同等品をより安く仕入れることができます。

一方、未来へ行く。つまり日本市場には今存在していない商品を生み出している欧米へ行けば、そもそも日本にない未知の商品ですから、それだけで高い価値を持っています。ブランド品と同じように、価値に見合った価格にすることに、何の問題もないはずです。

過去と未来を自在に扱うことで、あなたのビジネスは適正な利益を生み、汲々とした現状から脱却して発展への道を進みはじめるのです。

輸入ビジネスによって、赤字を恐れることはなくなるのです。

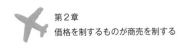

2

御社の利益を11倍に！「利は元にあり」

「利は元にあり」とはよく言ったものです。

これは大阪の船場で生まれた格言で、「販売は社員に任せてもいいが、仕入れは主人の仕事とするべし。厳しい商売で値切られたとしても利益が出るように、上手に仕入れを行わなければならない」ということを表しています。

このことは今も同じで、**あなたの利益は、仕入れ段階で決まってしまうのです。販売段階ではありません。**もちろん商売としては販売が第一なので、その活動を重視するのは当然です。ですが、仕入れを疎かにすれば、いくら販売しても儲かりません。

ジュエリーを扱うGさんは、独自に輸入ビジネスをはじめて年商1億円規模になっていました。

「でも、あまり儲からないので悩んでいます」と私に相談してきました。

海外から仕入れた商品の原価は年間６０００万円で、粗利率40％でした（粗利４０００万円）。とはいえ、こうした商品の販売には人件費や広告費などがかなりたくさん必要で、販売管理費は年間３７００万円にも膨れあがっていました。結果、毎年の営業利益はわずか３００万円。

なんとか維持できていますが、とても発展性は感じられません。働けど働けど、会社にはあまりお金が残らない状態です。

「黒字であるだけいい」という人もいるかもしれませんが、これから先、ビジネスを継続させていくにはあまりにも厳しい数字です。

Gさんはとても熱意があり、翌年は営業に力を入れて売り上げを1億１０００万円に伸ばします。ただ、原価もその分上昇（６６００万円）し、力を入れただけ販管費も膨らみ、４０００万円に達していました。

「あれだけ必死に営業して売り上げを伸ばしたのに、営業利益は４００万円。たった１００万円しか増えなかった……」

	現状	売上増	1割引き	原価を半額
売上高	1億円	1.1億円	9,000万円	1億円
原価	6,000万円	6,600万円	6,000万円	3,000万円
粗利	4,000万円	4,400万円	3,000万円	7,000万円
販管費	3,700万円	4,000万円	3,700万円	3,700万円
営業利益	300万円	400万円	-700万円	3,300万円

相談された私は、Gさんの仕入れルートをチェックしました。すると、Gさんがメーカーと思って契約した海外企業は実は小売店にすぎず、メーカーは別にあったのです。

ある展示会でそのメーカーを見つけ、Gさんはそこと契約し直します。たちまち原価は半分に下がりました。6000万円が3000万円に下がったのです。

「原価が半分になったから、利益は2倍になるんじゃないか」と期待したGさん。翌年、がんばりすぎるのをやめて、以前のような営業に戻したところ再び年商1億円に減少。しかし、原価が半分になったので、粗利は7000万円になりました。販管費は変わらず3700万円なので、差し引き、3300万円の営業利益です。

「3300万！　初年度300万円だった利益が11倍に！」

原価を半分にすることで、利益が11倍になったのです。

これはおとぎ話ではありません。現実の話なのです。

輸入ビジネスのタイムマシーン性をきちんと使えば、当然の結果だと言えるでしょう。

この例でもおわかりのように、売り上げを10％程度増やしても利益はあまり変わらないのです。売り上げを追えば経費も上昇してしまうからです。むしろ、**原価を下げる工夫ができるのか。そこが問題になります。**

「利は元にあり」をあなたも実践して、赤字脱却を図ってください。

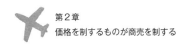

3 原価と売価の間に決まりはない

大企業なら利幅が薄くてもやっていけるかもしれませんが、あなたは違います。原価に利益を乗せて販売するのが商売です。利益をいくら乗せるかは、あなたの考え次第です。もし利幅を自由にできないのなら、そこから脱しない限り、あなたのビジネスは改善されません。

「高価であっても欲しいものなら買う」「必要なものなら価格に関係なく買う」という需要があるのです。そういう顧客に向けて何ができるか、考えてください。お客様に納得していただけるのなら、原価がいくらであるかは関係ないのです。原価が下がったのは、あなたの努力のたまものなのですから、売価を下げる必要はありません。

例えば宣伝広告費や営業のための費用も利益の中に含まれているのですから、どういう方法で販売しているかによって価格が変わっていくのは当然のことです。この「どういう方法で販売しているのか」が仕組みそのものなのです。ここを他人がつくった仕組みでやっていると、なかなか好きな売価を設定できなくなってしまいます。

皆さんの中には「暴利はけしからん！」と思っている人もいるでしょう。あたかも「適正な利潤」は、道徳的に決まっている、と思っているのです。

でも、それは間違いです。「儲かっていると思われたくない」「あくどい商売をしていると思われたくない」「安く売るほうが気持ちいい」といった固定観念から脱却しましょう。

確かに、人の無知につけ込むようなあくどい商売をしてはいけませんし、公正な競争を阻害するようなビジネスはそもそも継続できないのは事実です。

しかし、ビジネスにはルールがあるので、倫理に則って、胸を張ってやればいいのです。

粗利のパーセントの問題ではありません。

原価に対して何%以上の利益は取れません、といった考えは、競争相手が多数いて、市場価格が決まってしまっているような場合です。ラーメン屋さんや牛丼屋さん、あるいは自動車メーカーのように、「このぐらいの商品なら相場はこのくらい」という旧態依然とした市場に参入するときは、そのルールでやらざるを得ないでしょう。
でも、それが決まっていない市場なら、まったく自由なのです。

定価以上にあなたの利益を圧迫しているのは相場でしょう。ある価格以上に高くなることは滅多になく、むしろ下げる方向に強く作用します。

相場は、みんなでつくり上げた仕組みなので、あなた独自の仕組みではありません。

ですから、**相場に合わせて価格を設定したら、儲からないのも当然なのです**。確かにそれでも儲けている人はいるでしょう。その人は最初に相場価格をつくり、利益の出る仕組みを確立した人なのです。

ですから、あなたは、自信を持って自分の仕組みに基づいて価格を決めていいのです。
「どうして相場より高いの？」と聞かれたときに、胸を張って理由を説明できればいいのです。

4 値引きをしてはいけない

値決めは経営――。

これは、経営の神様とも言われ、京セラとＫＤＤＩ（当時・第二電電）の創業者として知られ、無報酬で日本航空の再建にも尽力した稲盛和夫氏がおっしゃった言葉です。

値段をいくらにするかが経営を左右することは、事業をされているあなたもきっと実感されていることでしょう。

値決めは経営戦略そのものです。値段をいくらにするかによって、商売は良くもなれば、苦しくもなります。

売り上げが良くないからといって値引きすれば、一瞬売り上げが立つかもしれません。ただ、そもそも需要が落ちているなかでの値引きですから、少し下げただけでは、これまで以上に数が売れるとは限りません。

本来、値引きをしたら、これまで以上に数が売れると考えます。しかし、今の時代、損を覚悟で値引きをしても、それほどには売れないという事態が頻繁に起こります。

ですから、私がとくに強調したいのは、**「いつの間にか値引きせざるを得ないような競争に巻き込まれていること」を避けて欲しい**、ということです。ゆでガエルの法則（カエルをいきなり熱湯に入れると慌てて飛び出して逃げるが、水に入れてゆっくり温度を上げていくと、カエルは温度変化に気づかず、ゆであがり死んでしまう）のように、気がつけば経営は引き返すことができないほどの痛手を被っている可能性があるのです。

結果を変えようと思うなら、何かを変えなければなりません。何も変えずに結果だけ変えようと思っていませんか？　自分だけはそれができると。

そのような奇跡をいつまでも待っているわけにはいかないのです。

同じことをしていれば、同じ結果。それは当たり前です。

日本市場では、ただ人口が減っているだけではありません。ものを買う人口自体が減っています。この傾向は、もしかすると今後も長く続き、少しぐらい人口が増えたとしても変わらないかもしれません。

「この時代、高価なものは売れませんよ」と言う人は、どんどん減っていることにお気づきでしょうか？

高価なものは売れているのです。それは高価だから売れているのではありません。買う人にとって必要なものだから、欲しいものだから売れるのです。

「安いから買おう」という人が減っていき、「高くても欲しいものは買おう」という人が増えている。この現実を見てください。「えーっ、そうかな？」と思うなら、お近くの家電量販店へ行ってみてください。炊飯器は1万円台からありますが、別格の8万円以上のものも多数並んでいます。掃除機も同じで1万円台からありますが、売れ筋は5万円以上です。

必要なもの、欲しいものであれば、価格は二の次なのです。

価格には、ものの値段とサービスの値段が含まれます。商品が優れていてサービスが良ければ高く売れます。**あなたが安く売るしかない状況だとすれば、それは高く売る工夫が**

ないか、自分たちでは工夫できる自由がないことを示しています。

商品の品質を高めていき、サービスをよりよく改善できれば、高く売るだけの価値のあるビジネスになります。


おそらく大手スーパーが全国に登場した頃からでしょう、「いいものを安く」が商売において「当たり前」のように言われるようになってしまいました。

ですが、これはあなたとは関係のない誰かがつくった仕組みです。他人の仕組みでは、あなたは利益が出ないのです。すぐにでも、このような幻想から抜け出してください。

いいものは誰にとってもいいのですから、適正な価格で売られるのは当然です。もしオークションにかければ、高値になっていくに違いないのですから。

いいものは高く。それが現実です。


安くすればたくさんの人が買える、という発想は今とはまったく違う時代の価値観で、これからの時代には通用しません。

極端な言い方をすれば、**安くして誰もが買える価格になったとき、その商品の価値は限**

りなくゼロに近くなってしまうのです。誰も欲しがらない商品になってしまいます。それが今の時代なのです。

私たちは「誰もが安く買える商品」ではなく、「私だけが買える商品」を求めています。そこに高い安いは関係がありません。

毎年、初競りで大間のマグロの価格が話題になります。１本のマグロ価格が通常価格とはかけ離れた高い価格で取引され、ニュースにもなります。マグロだけではなく、カニやスイカやメロンなど、さまざまな物品でこうした話題がニュースになります。その一因に「私だけが買える」があるのではないでしょうか？　初物を高額でセリ落とすことは、合理的ではないかもしれないですが、その人には買えることをしっかりと証明しているのです。

あなたもぜひ、そうした声に応える商品・サービスで、独自のビジネスを展開してみてはいかがでしょう。いいものは安くない。それが現実なのですから。

5 「薄利多売」をやってはいけない

「これは」と思う商品を海外の見本市へ出向いて見つけ出し、交渉し、日本で販売してくれる小売店へ卸す――。この仕組みを維持するには、薄利多売を考えてはいけません。しっかりと利益を取らなければ続けられません。

そもそも薄利多売で儲ければいい、という時代はすでに終わっています。

働き方改革、人件費の高騰などで、多売をすることが難しくなりました。少子高齢化によって購入者の総数が減れば、多売の限界も自ずと見えてきます。「無料にしても持って行ってくれない」といった声をよく耳にします。

薄利多売で生き残ることができる企業はほんの一握りでしょう。

ドン・キホーテやダイソーがあれだけの資本を投じてやっていることを、今から真似るのは危険極まりないのです。

また、環境問題についての意識も高まっています。海外では「52週間（1年間）新しい服を買わない」という運動もはじまっています。地球環境を守るための運動ですが、こうした意識は、じわじわと消費者の中に浸透していくかもしれません。

そうでなくても、一度購入したものを大事に使い続ける人、簡単に捨てない人、取り換えない人は一定数存在します。ものを捨てるのにも廃棄の費用がかかるのですから、使い続けたほうがいいわけです。リサイクルによって、中古品を安く手に入れて使う傾向も増えています。

「新品はいいですよ」と言ったところで、こうしたお客様には響きません。

薄利多売をするには、薄利でも運営できる規模が必要になります。アマゾンのような世界規模なら薄利でもやっていけるでしょうが、もっと小さな商圏ではムリです。

大量仕入れ・大量販売ができ、しかも運営費用を最小にできる企業となると、大資本を投入してネット化、機械化（ロボット化、ＡＩ化）できているところでしょう。

小さな商圏、小規模の顧客で薄利多売をやるときは、薄利にする前提として、大量購入してもらわなければなりません。これも今の時代にはあまり支持されていません。

必要なものを必要な量だけ、必要なときに欲しいのです。

笑い話のようですが、小売店が苦労して安く売っている商品を仕入れて、ネットで定価で販売している人もいるのです。価格を下げることは、こうした転売目的の人たちにとって、かっこうの餌食となるだけで、結果的にあなたの気持ちは裏目に出てしまい、ブランドイメージも傷ついてしまいます。

6 差別化戦略で価格を変えよう

一般的に、似たような商品でも、差別化戦略によって、他より少しでも優位な点をクローズアップして、それを理由に他より高い価格にすることができます。

製麺工場から仕入れた麺で出すおそば屋さんより、手打ち麺のおそば屋さんは、価格を高く設定できます。もしかしたら味にそれほど変わりはないかもしれませんが、「手打ち」にお客様が価値を見出してくれるなら、高くても満足していただけます。

最新技術が導入された掃除機なら、実は使い勝手はそれほど良くなくても、高い価格を設定できるかもしれません。もっと安くて使いやすい掃除機があったとしても、最新技術の部分で差別化できるのです。

この差別化戦略は、主に2つのパターンがあり、**「オンリーワン」**であるか**「トップランナー」**であるかで、それぞれに価値の質が違ってきます。

オンリーワン戦略は、「これと同じものは他にない」と言えること。「トップランナー」

は「この分野では当社が最初」と言えることです。

あなたがビジネスをするとき、このどちらかを意識していけば、自分の独自の価格を設定できます。

「オンリーワン」は、世界が驚くような画期的な商品ばかりではなく、例えば、ある分野に特化していけば、既存技術でできる商品やサービスでもなれます。山小屋で売るビールは、町中の居酒屋より高く設定できるのと同じです。「あなたの代わりにここまで運び上げて提供している」という自信の上に、高く設定できます。

「トップランナー」も同様で、未知の商品をゼロから発明して開発する必要はありません。同じような技術でも「ペット向けではうちが最初」とか「高齢者向けには私たちが最初」と言える商品・サービスがあるように、これからもいくらでもトップランナーになれるチャンスはあります。

「うちだって努力しているよ。だけど、売れないんだよ！」と言う人もいます。もし、その商品・サービスが本当に優れていいものなら、努力の方向が間違っています。

日本は長く「ものづくり」でやってきたと自負していますが、つくっただけでは売れません。

大事なことは、その商品の価格をしっかり語ることです。もし**類似の商品より高く設定したいのなら、どうして高くなっているのかを説明していきましょう。**

ブランド品と呼ばれるものは、この語る部分を免除されているように思えます。しかし、ちょっと調べればどのブランドも本が何冊も書けるほどの豊かなストーリーを持っており、日々、世界中でさまざまな方法によって語られています。

そこまではいかないにしても、**「手づくり」とか「手打ち」のように、「他にない技術」や「他にない販売方法」などをあなたがしっかり伝えていけば浸透していく**のです。

こうした考えをもってビジネスをしなければ、私たちは日本特有の利益構造の中に埋没して苦しむだけになってしまいます。

輸入ビジネスには、日本の利益構造から脱するチャンスが豊富にありますので、ぜひ自分で仕組みをつくり、価格を自由に設定して適正な利益を上げるものにしてください。

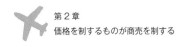

7

価格は覚悟。あなたの自信を価格に付与しなさい

トップ企業、市場のリーダーとしての企業は、品質、機能、付加価値、トータルのブランド力とすべてにおいてトップである自信が、価格を決定させています。

また、そうでなければ、他の企業も困るでしょう。トップブランドが意味もなく半額にするようなことがあれば、市場は崩壊してしまいますから。

私たちも「いいものをきちんと販売している」という自負があるのなら、それを価格で表現していきましょう。

「これを1000円で売る」と決めたら、その覚悟を持てばいいのです。覚悟は、先ほどの「価格の意味を伝える」ことです。つまり、商品やサービスのブランド化につながっていきます。

「これ、いくらなら売れるかな」といった感覚ではなく、「これは1000円の価値がある」

と考えるのです。

業界のトップである自信のあるブランド品は、よく似た知らないメーカーの商品よりも、価格を高く設定できますし、そこにプライドが表れています。「私たちのブランドをつけるからには、この価格」と言いきれるのです。そこには品質やブランディングなどの根拠がありますし、それを支える覚悟があるのです。

やみくもに高い値段をつけるということではありません。何の根拠もなく高いだけの商品はさすがに売れないでしょう。

根拠のある自信です。**「自分はこれだけがんばっている、誰にも負けない優れたところがある、だからこの価格だ」と言えればいい**のです。

似たような商品で、**意味なく安い値がついていると「自信がないんだな」とか「何か不具合でもあるんじゃないか」と思う人もいる**でしょう。せっかく安くしても、このように思われるのです。だったら、自信を持って適正な価格をつけていきましょう。

日本ではいまだに「儲けること」を「悪」と結びつける人が大勢います。しかし、ちょっと考えてみてください。利益のないビジネスこそ、悪いビジネスなのです。何も社会に貢献しないのですから。きちんと利益を生み出すビジネスは、それだけ社会に還元することで貢献できるのです。

日本の社会を良くするために、大きな役割を果たしているのが税金です。きちんと稼がないと税金も払えません。高度な医療や福祉を支えているのは税金です。ライフラインであるとか、高速道路など、私たちの社会を豊かに、より安全にしてくれる設備にも税金が使われています。

あなたがきちんと利益を得ること、赤字から脱することは、社会的な意味でもとても重要なことなのです。

その一歩として、覚悟を持って価格を決めていきましょう。

8 今の会社のしがらみである「仕組み」から抜けだそう

現在すでにビジネスをされているあなたならおわかりでしょうが、業界には業界のしきたりや慣例があります。商売のやり方、ルート構築、利益率など、さまざまな部分が影響を受けているはずです。

もし、あなたが「それは当たり前だ」と思っているのなら、一度、その当たり前がないビジネスを想像してみてください。

どうでしょう。自由を感じませんか？　何ものにも左右されずに、自分の思うままにビジネスをやってみたいと思いませんか？

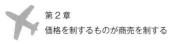

●既成事実にとらわれないビジネスを

輸入ビジネスには、その自由があります。

なのに、せっかく自由を手にしても、これまでのあまりにも慣れ親しんだ仕組みが染み込んで、既存の仕組みをあてはめようとしてしまう人もいます。それが商売のやり方だと思い込んでいるからです。

例えば、ソフトバンクがスマホ市場でやったこと。アマゾンをはじめとするＧＡＦＡが今やっていること。そういうのを見てどう思いますか？

常識破り、型破り、市場破壊などと言われますが、多くの人たちがそれを支持して利用していることを考えると、思い込みや既成事実にとらわれてはいけないことがよくわかります。

楽天の三木谷浩史氏、ユニクロの柳井正氏、ホリエモンこと堀江貴文氏がやってきたこともそうです。旧来のビジネス慣行とは違う次元で進め、自分たちのやり方をスタンダードにしてしまうぐらいの勢いがあります。

これは、成功した企業がデファクト（慣習的標準）になる、というのではありません。最初から自分たちこそがデファクトだ、としてビジネスを展開しているのです。

これまでのやり方の中で新しいものを生み出そうというような考えでは、これからの時代では生き残れません。これまでのやり方は捨てる。または、それとは関係のないところで新たなビジネスをはじめるのです。

●自社ルートでの販売

もちろん、現在のビジネスがある程度順調で、輸入ビジネスをやるとしても、その商品を自社の既存ルートで販売したいと考えている人もいらっしゃるでしょう。

しかし、販売機会の点からは、自社ルートだけで販売するのは、あまり効率的ではありません。

新しい商品の寿命は限られていますし、ヒットすればすぐ類似品が登場します。つまり、高い粗利でしっかり売れる期間は、それなりに限定されるのです。だからこそ、自社ルートにこだわるよりも、短期間にできるだけたくさん売っておくべきです。そのためには、**いくつものルートで販売したほうが宣伝、告知、口コミで大きな効果が得られます。**

とくに未知の商品の場合、店頭で実物を見ることができて、店員に質問できることは重要です。そのためには、複数の販売ルートに卸していくほうがムリなく展開できます。

もちろん自社ルートですでに多くのお客様を抱えているのなら、そこに限定して販売するやり方もあるでしょう。

もし、これから顧客を開拓するのなら、かなりの費用がかかります。

広告、宣伝、知名度の向上、安心して購入していただける仕組みの確保、コールセンター、アフターサービスなどなど、その費用は数えればきりがありません。

自社ルートに加えて、力のある小売店などに卸す道も同時に開拓していきましょう。

●既存のプラットフォームに安易に乗らない

先日、年商1億円以上の通販サイトを運営している人とお会いしました。社員は数人の小規模ながらもがんばっています。ところが、その会社の預金残高はわずか20万円。渡航費用さえもどうやって出そうか、と頭を抱えてしまうほどでした。

しかも、来年、年商が倍になる保証があればいいのですが、今の時代、そんなことはありません。

この通販サイトの悲劇は、既存のプラットフォーム（アマゾンや楽天のようなECサイト）を通して商品を販売していたことと、市場価格が低下しがちな商品を仕入れていたことから起きていました。

その気はなくても、結果的に薄利多売に陥ってしまっていたのです。これでは、資本力が少ない企業は儲けを蓄積できず、夜も寝ないで必死に働いて残高20万円。将来性を感じろというほうがムリです。

従来のやり方ではなく、輸入ビジネスによるＢ to Ｂに活路を見出すべきだと私はその人に申し上げました。その人は、さっそくドイツの展示会へ行きＢ to Ｂの輸入ビジネスをはじめるための準備に取りかかりました。

他人のプラットフォームで商売をするときは、よくよく注意しなければ利益は残りません。これはＥＣに限りません。どんな商売でも同じです。

仕組みは自分でつくる。それぐらいの気持ちでビジネスに取り組まないと利益は残らないのです。輸入ビジネスなら、その仕組みをあなたがつくることが可能です。

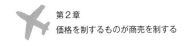

輸入ビジネスの実践者たち②

はじめてすぐに商談成立。展示会からの営業は効果的

◎未来プロダクツ株式会社　代表取締役 田村和浩さん（https://m-products.jp/）

未来プロダクツ株式会社（静岡県富士市）の代表取締役・田村和浩さんは、２０１９年に輸入ビジネス海外実践講座に参加し、一緒にドイツの見本市「アンビエンテ」に行きました。そこで商品を発掘。現在、輸入ビジネスをスタートしています。

――いい出会いがありましたね

不思議な魔法の財布、Hunterson マジックウォレットに出会いました。Hunterson はベルギーの財布のブランドです。日本では当社が独占販売することになりました。

独特な方法でお金をしまうサイフで、マジックウォレットの内側にお札を置いて閉じ、反対側から開くだけで、手品のようにお札が収納されます。高級本牛革を使用しており、スタイリッシュですし、カードももちろん入ります。ＲＦＩＤシールドでセキュリティー

面も強化されています。

——輸入ビジネスへの不安はありませんでしたか？

ハードルが高い事業だと思っていましたが、セミナーを受けてこれなら自分でもできそうだと感じました。もっとも、海外の展示会で商品を発掘するわけですから、語学に関しての不安は大きかったですね。

——ですが、スムーズにはじめることができましたね

展示会を回ってみたところ、日本人を歓迎してくれて、こちらのつたない英語も聞いてくれたので、語学に関するハードルは実はなかったことがわかりました。思い込みだったのです。

——その後、スタートしてからはいかがしたか？

最初は仕入れにスポットをあてていたのですが、その後は営業をしなければなりません。営業経験がまったくなかったので難しいと感じました。そこで、営業の講座を受講して、一通りのノウハウを身につけました。今後もスキルアップしていけると感じています。

実践しながら、国内展示会での見せ方やトークなどのノウハウ、その後のフォローの仕方、見込み客に対する訪問、やりとりでいかに相手の気持ちを汲んで言葉を的確に返して

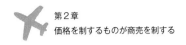

いけるのか。そうした技術を磨いていきたいですね。

――営業はどのように？

展示会でアンケートを書いていただいた見込み客に対して、メールをし、コンタクトを取って訪問しています。

またホームページをつくったので、それもメールで紹介して興味を持っていただくようにしています。

展示会後に1社から受注をいただきました。また「話をしたいので、きて欲しい」というお客様もいて、こちらから先方に出向いて商談をしたところ、契約が成立しました。

――順調ですね

マジックウォレットは、現在1社を通して3店舗へ納入されていますが、今後も営業活動を広げていこうと考えています。

※ Hunterson マジックウォレット（https://hunterson.jp/）

第3章

商品発掘とその価値の伝え方

1 商品探しは直感が大事

輸入ビジネスは、第2章で触れたように、日本独自の価格に対する窮屈さとは無縁です。さらに、しがらみや業界特有の慣習に縛られることもなく、あなたが自由に、メーカーとしてビジネスの仕組みをつくっていくことができます。しかもB to Bですので、国内では輸入卸の立場となり、それによって少人数で運営でき、リスクも最小ですむのです。

輸入ビジネスであなたに力を入れていただきたいこと、仕事の中心となることは、貿易業務でもなければ交渉術でも英会話でもありません。市場調査とかマーケティングでもありません。

あなたの仕事は、海外で商品を発掘すること。そしてその良さを日本でわかりやすく伝えて広めることです。他のことは、すべてアウトソーシングにしてしまってもいいぐらいです。

「誰でも参入が可能なこと、そしてたくさんの利点があることはわかりました。でも、私には海外へ行って売れる商品を見つける自信がありません」といった声も聞かれます。どうやって商品を見つけるのか。この質問はセミナーでもとても多いので、しっかりお答えしていきましょう。

「これから何が売れるのか」を考えて商品を仕入れるという人もいます。時代を読んだり、直感を活かしたり……。ですが、私たちの輸入ビジネスでは、それを必要としません。何が売れるかは、やってみなくてはわかりません。そもそも、私たちが決めることではなく、日本のお客様が決めることです。

第2章でも説明しましたが、輸入ビジネスには、2つの考え方があります。
1つは、**未来の世界へ行き、未知の商品を仕入れる。**
もう1つは、**過去の世界へ行き、既存の商品を今より安く仕入れる。**

とくに未来の展示会へ行くときは、余計な先入観は不要です。未知の商品を前にして「売れるか売れないか」など即断できる人は、いるはずがないのですから。

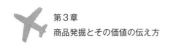

自分として「これは新しい」「日本にはない」「いったいどう使えばいいのか」といった興味を持った商品なら、何でもいいのです。

現実に私たちが想像のできないような商品が、展示会には並んでいます。極論すれば、今もどこかで若き日のビル・ゲイツやスティーブ・ジョブズのような人物が、とんでもない未知の製品づくりをしているかもしれません。

「今これが売れているから輸入しよう」では遅すぎます。このやり方では、利益を積み重ねて長期にわたってビジネスにするのは困難です。

大手企業などでは会議や稟議にかける以上、「わからないもの」を輸入するわけにはいきません。そこで「売れているもの」や「売れそうなもの」をデータや調査で明らかにして輸入しようとします。

しかし、時間をかけすぎると、せっかく輸入したときには熾烈な価格競争にさらされて、利益はとても薄くなってしまう可能性があります。これは薄利多売ができるだけのパワーがある、大資本だけに可能なやり方です。

私たちは100万円からはじめようというのですから、そもそもやり方が違います。売れるかどうかはわからない。それでも、小回りが利くことを最大の武器とします。即断即決。会議も稟議も調査も不要です。

過去へ行くときは、既存の商品との比較で、性能、品質、価格を見ていきます。ただし、あなたがご自身でよく知っているもの（現在、仕入れている商品）で見つけることが大事です。そうでなければ、本当にいいものかどうかはわからないからです。

商品を発掘すること、それを売ることができるのはあなたしかいません。

「そんないいものが、もう残っているわけがない」などと言う人もいます。ですが、商品は星の数ほどあるのです。世界各国で日々、新しい商品が生み出されています。

いくらネット時代だからといって、私たちがこの場でそのすべてを把握することは不可能です。

なぜなら、メーカーも、「真似されたくない」と情報をストレートには出しません。そもそも中小零細企業では発信力自体が大きくない場合もあるからです。

まして英語圏以外の国や地域で売られている商品は、あなたが英語でネット検索しても見つからないでしょう。

私たちが日本にいて知ることができるのは、すでに世界的に話題になっていたり、他の企業が日本で販売しようとしている商品だけです。

逆の場合を考えてみてください。日本でよく売れている商品のすべてが、世界中で売られているわけではなく、日本人しか知らないものもたくさんあります。海外からきた旅行者はそういうものを発見して楽しみます。

ガイドブックにも載っていない穴場は、日本にきて、日本に詳しい人から教えてもらわないとわからないでしょう。

私たちも海外の展示会では、それと同じように行くたびに新しい発見があるのです。

2 自分の興味のある「好きな」ものを選べ！

私は、商品発掘のコツとしていつも強調していることがあります。

それは、「海外の展示会へ行き、その展示されている商品の中から何を選ぶかは、あなた自身の興味・関心のあるものにしてください」ということです。

「これは売れそうだな」と自分でなんとなく感じたり、「絶対売れますよ」とメーカーの人たちが自信満々に売り込んできたり、誰かが「これ、いいよね」と言ったりする声を耳にする中にあっても、**最終的に選択するのはあなたの興味・関心の延長にある商品にして欲しい**のです。

「絶対に売れるものを見つけたい、失敗したくない」とプレッシャーを感じていると、自分の考えとは違う商品を選んでしまう危険性があります。それどころか「自分では選べない！　決められない！」となってしまう場合もあるのです。

売れる商品がわかれば苦労はありません。商売の醍醐味は、それがわからない点にあるのです。

もちろん、ヒットすれば「私には売れるとわかっていました」と鼻高々で言っても構いません。ですが、それは結果論です。そもそも超能力者でもないのですから、事前にわかるわけがないでしょう。

これが売れるだろうか、こっちが売れるだろうか、やってみなければわからない。だからこそおもしろいのです。

言い方を変えましょう。自分とまったく無関係な、未知の分野の商品は避けなければいけませんが、**あなたが簡単に想像できてしまうような商品も避けましょう。**

自分で想像したとおりの商品があれば、それはすでに日本のどこかで売っている普通の商品です。

しかし、欧州の展示会へ行くと、日本の私たちの想像を超えた商品が並んでいます。今の私たちには想像もできない商品なので、それが売れるかどうか、誰にもわかりません。

商品を眺めることで、はじめて気づくことがあります。この気づきが重要です。

最初から目利きである必要はありませんし、目利きのふりをするのも危険です。「これは売れるね。これはダメだね」と簡単に言いきるのはとても危ういことで、「売れるかどうかわからない」が正解です。

以前から興味・関心のある分野なら、商品のどこが新しく、どこがユニークで、どんな条件であれば「欲しい」と感じるのかは、わかるはずです。

「他の人はいざ知らず、自分はこれが欲しい」と思えるかどうか。そこがきっかけとなります。

腕時計に興味があるなら、時計関係の商品に自然とアンテナが働くはずです。ファッションでも、服なのか、カバンなのか、靴なのか。どういうものに自分自身が日頃から興味・関心を持っているかを、あらかじめ確認しておいてください。

「何に興味があるのか？」と悩むことはありません。

とても簡単な方法があります。それは百貨店や量販店などを歩いて、ウインドーショッピングをするのです。自分の関心がどこにあるか、どういう商品に心を惹かれるか、明ら

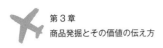

かになります。

同時に日本で、どのような商品が手に入るのかを確認できますので、海外へ行っても「これはすでにある」と判断ができるようになります。

専門分野・得意分野から選ぶのもいいでしょう。

Ｆさんは、もともと長く酒屋さんをしていました。輸入ビジネスをはじめようと考え、日用品主体の展示会へ行きましたが、ピンとくる商品に出会えませんでした。

そこで、有機、オーガニックなど先端的な農業技術によって生まれた食品を扱っている展示会に参加してみたのです。

すると心の中で思わず、こう叫びました。

「これはすごい！　すばらしいチーズやワインの宝庫だ。日本では見たことがない！」

Ｆさんは大喜びです。自分の得意分野が活かせるので、商品探しに夢中になっていきました。

あなたの本業に近いもの、知識や経験を活かせる展示会へ行くほうがいいでしょう。

自分の専門に近い分野で商品を探し、日本でこれを売る段階では、それを「わかりやすく」説明します。

ビジネスとして広く普及させたいのなら、専門的な解説ではなく、わかりやすいアピールポイントを発見することも大切です。

専門的な知識によって発掘した専門的に優れた商品でも、わかりやすく伝えられなければ、売れません。売る相手は専門家ではないのですから。

理解できた知識のある人しか買わないのなら、ビジネスとしては規模が大きくなりません（もちろん、それでいいというケースも稀にありますが）。

例えば、フランスからチーズやワインを輸入するときに、その製法などの専門的な話は背景としてはあってもいいのですが、消費者の心を動かすのは、味であるとかオーガニック、健康志向などわかりやすいポイントです。

「少々高いけど、健康にいいんだって」と興味を持った買い手が、さらに深く興味を持ったときに専門性が必要となってきます。

ただ自分の専門分野、得意なこと、造詣が深い分野から選択する際に注意しなければい

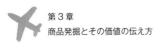

けないことがあります。それは、儲からなくても続けてしまうことです。自分の興味がある分野だけにのめり込みやすいのです。

それはいけません。必ず撤退ラインを事前にきちんと決めて、取り組んでください。いくら好きなものでも、売れないものはビジネスになりません。

最初は、自分の趣味で好きな商品を見つけ、それを日本の展示会で、買い手の人たちに納得してもらえるか、どんな反応をしてくれるのかを見ていきながら学ぶのです。

3 商品は簡単なものを選べ！

●規制の少ない分野がオススメ

興味・関心のある分野でも、はじめての輸入ビジネスでは、規制の少ない分野を選びましょう。

法的に輸入ができないものは当然ダメですが、輸入できるとされていても手続きに大変な労力が必要なものは、できるだけ避けるのが賢明です。

例えば健康分野でも、医薬品にからんでくると法規制によって簡単には輸入できません。食品関係でも、法規制がからんできて、検疫その他、輸入にかなり手間がかかる場合があります。基本的に食べ物は、生ものを避けるべきです。

動植物も検疫が必要なものは避けておくのが無難です。

化粧品、電波を発生する装置なども予備知識のない場合は、避けて欲しい分野です。

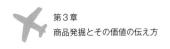

日本輸入ビジネス機構（ＪＡＩＢＯ）のホームページでは「輸入禁止品目」の一覧が入手できます（https://jaibo.jp）。

また税関のホームページでは、輸入禁止品目の他、関税や輸入手続きについてもさまざまな情報が載っています（https://www.customs.go.jp/）。

●小さくて、軽くて、価値の高いものがオススメ

これから商品を発掘するとき、狙い目は、ＣＬＶ（Compact, Light, Value）。つまり小さくて、軽くて、価値の高いもの。いわゆる価格差がつけやすいものです。

商品の大きさ・重さは、輸送コストに大きく関係してきます。

海外からの輸入品は、航空貨物か貨物船で運ばれます。

このときに輸送費用をできるだけ少なくできるように、コンテナ単位を目指しましょう。コンテナを満載にすることによって、１個あたりの運賃は劇的に安くなります。

例えば、フランスから本を１冊届けてもらおうとすれば、本の価格以上に高額な輸送費がかかるかもしれません。だいたい１冊あたり１万円ぐらいでしょう。

輸入が禁止されているもの

以下のものについては、関税法でその輸入が禁止されています（関税法第69条の11）。これらの禁止されているものを輸入した場合には、関税法等で処罰されることとなります（関税法の罰条）。

1. 麻薬、向精神薬、大麻、あへん、けしがら、覚せい剤、あへん吸煙具
2. 指定薬物（医療等の用途に供するために輸入するものを除く）
3. けん銃、小銃、機関銃、砲、これらの銃砲弾及びけん銃部品
4. 爆発物
5. 火薬類
6. 化学兵器の禁止及び特定物質の規制等に関する法律第２条第３項に規定する特定物質
7. 感染症の予防及び感染症の患者に対する医療に関する法律第６条第20項に規定する一種病原体等及び同条第21項に規定する二種病原体等
8. 貨幣、紙幣、銀行券、印紙、郵便切手又は有価証券の偽造品、変造品、模造品及び偽造カード（生カードを含む）

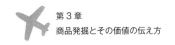

9. 公安又は風俗を害すべき書籍、図画、彫刻物その他の物品
10. 児童ポルノ
11. 特許権、実用新案権、意匠権、商標権、著作権、著作隣接権、回路配置利用権又は育成者権を侵害する物品
12. 不正競争防止法第2条第1項第1号から第3号まで又は第10号から第12号までに掲げる行為を組成する物品

（注）上記の他に医薬品、医療機器等の品質、有効性及び安全性の確保等に関する法律、植物防疫法、家畜伝染病予防法などにおいても輸入が禁止されているものがあります。
また、違法ではないと称して販売されているハーブやアロマオイル、バスソルトなどの商品の中には、「麻薬」や「指定薬物」にあたり、輸入が禁止されているものがありますので、ご注意ください。

ですが、3万3000冊輸入するとどうなるか。1冊あたりの輸送費は3円ぐらいまで下がります。ほぼ無料のようなものです。

これは、日本国内でのビジネスではありえない現象です。国内では大きさ、数と距離の掛け算で決まってきますから、たくさん仕入れるとそれだけ輸送費もかかります。

一方、輸入ビジネスは、一定のロットにまとめることで、1個あたりの輸送費を限りなくゼロに近づけることができてしまいます。

1つ乗せても、3万個乗せてもコンテナ1個の運賃は同じなのです。容量いっぱいまで積めれば、輸送費は最小となり、利益は最大となります。

つまり、コンテナにたくさん個数を入れられる商品ほど、1個あたりの輸送コストがゼロ円に近くなっていきます。

売り上げが大きくなり、大量に輸入できるようになれば、1個あたりの輸送費がどんどん減るので、それだけ利益が増えることになるのです。

軽い商品は、運賃以上に取り扱いが楽なので、あなたがサンプルを持ち帰るときにも便利です。いい商品でも「重い」というだけで、かなり商機は減ってしまいます。

小さくて軽い商品なら、あなたがご自身のスーツケースに何十個も入れて輸入することもできます（もちろんちゃんと税関で申告します）。例えば相手のメーカーが香港にあるのなら、週末の旅行を兼ねてぶらっと飛行機で行き、メーカーを訪ねて注文していた品を直接受け取って、文字通り「買いつけ」て帰国することも可能です。

商品は、仕入れ価格に関係なく、日本市場で高く売れるもの、高く見えるものを選ぶべきです。

とくに、小さくて軽い商品を探すにあたっては、価値はとても重要になります。どうしても小さい商品は安っぽく見えてしまうことがあるからです。

ところが、宝飾関係などでは、小さいのが当たり前でしょうし、価値ある宝石などを使っていれば、小さくて軽くても、高く売れるものです。そうした商品を念頭に置くのです。

例えば「どう見てもこれは、日本の百貨店なら1万円以下では売っていない商品だけど、ここでは1000円で買える」といった商品を中心に探してみるのです。

●流行を狙う商品選びは難しい

これから流行りそうなものに特化して、スピーディーに輸入するというやり方も考えられますが、はじめて輸入ビジネスに取り組む人にはオススメできません。

確かに外国で流行しているものは、日本でも売れる可能性があります。「こんなものが流行っているんだ、おもしろい！」と思って輸入したくなるかもしれません。

実際、ブームになったものを見ていくと、アメリアかドイツで流行したものが多いことがわかります。

例えば「ビリー・ザ・ブートキャンプ」は、ある通販会社が最初に輸入したのですが、アメリカで流行していたものを日本に持ち帰り、一大ブームになったのです。

爆発的に売れることで、短時間で財をなす可能性もありますが、すべてがヒットするとは言えないのも事実。

私たちはヒット商品の話ばかり聞きますから、その陰で消えていった商品のことはほとんど知りません。なぜか日本ではヒットしなかったものもかなり多く、「現地で流行っている」だけでは、手を出しにくいのです。

チャレンジするのであれば、外れたときのリスクも考慮してください。

例えば、いきなり大量発注したりしなければ、損失は最小限ですみます。まずはサンプルだけにして、日本市場の反応を見てから徐々に拡大すれば、リスクを減らすことができるでしょう。

4 常に市場を意識しろ！

私たちがどれだけその商品に惚れ込んでも、売れなければビジネスになりません。売れるか売れないか。それは市場が決めるのです。

海外で手に入れたサンプルを国内の展示会に展示することで、市場にお披露目できます。日本中から優れたバイヤー、力のある販売業者などがやってきて、それを見てくれます。その結果、売れる商品が決まっていきます。

日々、「お店に並ぶ商品」や「買いにくるお客様」と接しているプロたちは、シビアで、確かな目を持っています。

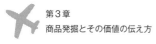

私たちが「これが売れる」と決めつけるのではなく、そのプロたちに「これは売れる」と思ってもらわなければなりません。

私たちは、そのために現地に飛んで海外メーカーの人たちと話をし、サンプルを取り寄せているのです。

「これは日本にはない！　少なくとも私は欲しい！」と思う商品に出会えたとしても、すぐに大量発注してはいけません。あくまでサンプリングにとどめてください。

サンプリングした商品を、誰にでもわかりやすく欲しくなるようにアピールすることも、あなたの大切な仕事です。

海外メーカーが主張している商品の優れた点が、そのまま日本市場で通用すればいいのですが、日本市場に存在していない未知の商品であればあるほど、それでは通用しない可能性が高くなります。

例えば「砂時計」。あなたは、どういう場面で砂時計をご覧になりますか？　サウナですか？

欧州へ行くと、日本ではあまり見ることのない砂時計をかなりたくさん見ることがあります。紅茶を楽しむ文化があり、蒸らす時間を計るために、さまざまな砂時計が日常的に使われているのです。海外のメーカーはそれを常識として出展しています。でも日本では、砂時計を使用するシーンもメリットもピンとこない可能性があります。

商品を気に入ったとして、日本でどのように売るか。あなたは何かしら工夫をしなければならないでしょう。

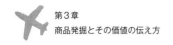

5 商品にどんないい部分があるかを見つける方法

商品にどんないい部分があるかを見つける方法はいくつかありますので、紹介しましょう。

●新しさはあるか？

新奇性です。商品に本当の意味での新しさがあるか。あなたが認識不足で知らないだけで「新しい！」と思っているのではなく、正真正銘の新しさを見つけてください。

サンダルが穴だらけ。と言えばクロックスですね。今は誰もが知っています。ですが、クロックスが日本にやってくるまで、穴のあいたサンダルはありませんでした。このように、日本にあふれている商品でも、どこかに新奇性があれば、そこをウリにできます。

日本の「ものづくり」は伝統が長いこともあって、洗練されてムダのない、ある意味遊び心の少ない商品が多いので、海外へ行くとびっくりするような商品を見つけることができます。

●珍しさはあるか？

希少性です。他にないもの。しかも、そもそも量が限られているもの。そこに私たちは魅力を感じます。「限定」とか「これだけ」と言われると、ついサイフが緩むものです。

希少性には、珍しい原材料が使われているといったことだけではなく、職人が少ないので年に何個しかつくれない、といったものもあります。もし稀少な商品なら、価格をさらに高くつけることも可能でしょう。コレクターにとって集めたくなるような希少性も重要です。

●独自性はあるか？

他にはないもの。これは強いですよね。オリジナリティ、ユニークさ。特許などに守られていて誰も類似品を出せない商品などです。これを日本に初上陸させることができれば、それだけでもあなたのビジネスにはとても大きなチャンスとなります。

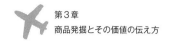

●信頼性はあるか？

海外の未知のメーカーがつくる未知の商品で、もっとも心配されるのは信頼性、つまり信用度です。「そのメーカー、大丈夫？」とか「その商品、大丈夫？」と誰もが思うでしょうから、それを払拭できる材料が欲しいのです。

例えば海外の現地では何万個も売れている、あるいは100年前から使われているといった実績は信頼の根拠になります。

加えて、王室御用達であるとか、さまざまな受賞歴、客観性の高い評価機関によるお墨つきなどがあると、伝わりやすいでしょう。

これといったものがない場合は、顧客満足度を調べたり、リピーター率を調べるなどしてデータで補うのもいい方法です。メーカー側に相談して、そのようなデータが出せるかどうか確認してみてください。

●時代を感じさせるか？

今を感じる商品であるかどうか。今こそ求められている商品であれば、それだけでアピールできます。現地ではすでにピークをすぎていたとしても、日本では歓迎されることもあります。

さらに「1周回って」、日本では以前に類似品があったのに忘れ去られているようなレガシーな商品も可能性があります。親の時代にはよく使われていたものが、子の世代では手に入らないこともあるでしょう。ですが、子の世代にとってはそれが新鮮で魅力に感じることもあるのです。

例えば日本の国内で最近ラジカセがかなり人気になっていて、カセットテープとラジカセを欲しいと思っている若者も増えています。このような時代のニーズに合致しているかをチェックしてみてください。

●役に立つか？

今の日本で役に立つ商品なら、それだけで売れそうですよね。百均をはじめアイデア家電、アイデアキッチン用品など、さまざまな役立つ商品であふれている日本ですが、まだまだ世界には役立つ商品が、日々生み出されています。

それをいち早く見つけてくることができれば、スムーズに販売に辿り着けるでしょう。

● 物語はあるか？

人はストーリーで感動し、ストーリーに心が動き行動へとつながります。アップル社の製品とスティーブ・ジョブズの物語は切っても切れない関係があり、そこに人々は魅力を感じてきました。ウォルト・ディズニーに対するあなたの気持ちも、同様でしょう。

そこまで知られていなくても、商品に物語があれば、それはとても優れたウリになります。商品が誕生するまでのストーリー、それを製造しているメーカーの生い立ち、創業者たちの物語、あるいは利用者の物語でもかまいません。その商品によって人生が変わったとか、何か大きな悩みが解決した話があるなら、それもきっと商品の魅力として多くの人に伝わるはずです。

6 価値は伝えなければわからない

輸入ビジネスであなたにしっかりと力を入れていただきたいのは、商品の発掘とそれを日本でしっかり広めることです。

「商品の価値を理解して広めるのは私だ！」くらいの気持ちになれれば、どの商品を扱うか、絞り込めるはずです。

このときに注意したいのは、**「完璧な商品（製品）」を求めないこと**です。ヒット商品を見ればわかるように、売れる商品は、完璧さで売れているわけではありません。どんな商品もメリットだけということはありません。メリットもあればデメリットもあります。そして、メリットが今の自分たちにとって魅力的なときに売れるのです。

iPhoneが最初に紹介されたときのことを覚えている人はいますか？　あれのどこが完璧だったでしょうか。

当時は日本の携帯電話のほうが優れていました。電話機能からおサイフ機能、さらにネット通信の機能などすばらしい完成度でした。ですから、「あれは携帯電話じゃない。機能も劣っている」と言った人もかなりいたのです。

でも、売れたのはiPhoneであり、今なお残っているのもiPhoneです。日本の完璧な携帯電話はガラパゴス化して消えていったのです。

「ものづくり」を伝統とする日本で生まれ育っていれば、完璧さ、最高の品質を求める気持ちはわかります。

ただ、どんなものでも、最初から完璧だったわけではありません。

「こんなものダメだ、使えない」と言われたものが、やがて「最高だ、これしかない」になっていくのです。

そのプロセスに関わることができるのも、輸入ビジネスの醍醐味です。

デメリットを凌駕するメリット、つまりその商品の魅力をしっかりと伝えることで、あなたが発掘した商品は、日本でも売れていくでしょう。

ですから、**「自分にはわかる魅力」**を**大事に**して欲しいのです。

この章の最初に「得意分野を活かして商品を探してください」と申し上げました。さらに「興味・関心のある商品から発掘していってください」とお願いしました。

それは、あなたが日本でその商品を売るときに、得意分野の知識、興味や関心から得た情報や独自の視点などが役立つからです。

どれほどいい商品でも、他人の言葉で訴えては響きません。**この商品の良さを最初に認めて、それを信じているあなたがご自身の言葉で伝えることではじめて響く**のです。

訴求力などと言いますが、商品にはそもそも訴求力があります。あるはずなのです。それを引き出せないと、いくら性能が良くても、品質が良くても売れません。

商品発掘時に意識していただいた商品の特性を思い出してください。

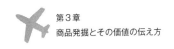

新奇性、希少性、独自性、信頼性、時代背景、有用性、物語。この中のいくつかを前面に出して伝えていきましょう。

B to Bのビジネスだからこそ、こうしたことをしっかりやることが大事になります。

あなたが営業する相手は、小売店の店長であったり、百貨店や大手小売店のバイヤーであったり、全国規模の経営をしている企業であったりするのです。その人たちはあなた以上に「売れる商品」を探しています。

この人たちに響かない商品は、売れません。彼らも日夜いい商品を探しているのですから、その人たちに向けてきちんと価値を伝えるのです。「どうやって売ればいいのかわからない」と困らせる商品ではいけません。

実は、おもしろい現象が起きることもあります。

あなたが海外メーカーの主張しているメリットとは違う『商品の「ここがいい」』を発見することがあるように、販売店の人たちが新たな「ここがいい」を発見してくれることがあるのです。まさに商品の再発掘と言うべきでしょう。

これは、輸入ビジネスならではの、楽しみの1つです。

7 商品発掘時に押さえておきたい3つの「ない」

商品の発掘について、最後に3点、輸入ビジネス特有の考えをお伝えしておきます。一般の常識とはちょっと違う点もありますので注意してください。

① 商品にフォーカスしすぎない

商品にだけフォーカスして選んではいけません。矛盾するようですが、ここは線引きをきちんとしていきましょう。

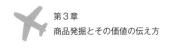

自分が惚れ込むほどの商品を見つけたとして、まして自分の得意分野だったり興味の対象だったりしたとき、「どうしても私が日本に紹介したい！　この商品でビジネスがしたい！」と思うかもしれません。そんなときであっても、そのメーカーがどんな相手なのかも併せて見極めましょう。

なぜなら取引しにくい相手に、泥沼のような交渉に引きずり込まれてしまうことがあるからです。気に入った商品をどうしても輸入したいという気持ちはわかりますが、相手にその気がない場合や条件が厳しい場合には、自分のビジネスにはならない、ときっぱり諦めてください。

誤解を恐れずに言いましょう。商品よりも人で選ぶことです。

商品に惚れるやり方は、B to Cのやり方ではうまくいくかもしれません。しかしB to Bでは必ずしもそうとは言えないのです。

B to B取引においては、一過性の取引ではなく、継続させていくことが大事です。長期にわたって関係が続けられるメーカーを選ぶことが大切なのです。商品だけにはこだわらず、そのメーカーのコンセプトや人柄を見て交渉をしていくのが結果的にはベストです。

今展示会で見た1つの商品は確かに重要ですが、それだけではビジネスパートナーとしてふさわしい相手なのかはわかりません。**メーカーの姿勢、バックグラウンド、過去の商品など総合的に見ていき、長いつき合いを目指してください。**

人に惚れて、会社に惚れたほうが、商品に惚れるより現実的に長い目で見ると成功しているのです。

「これがいい！」と商品に惚れ込んで相手の姿勢を見ずに取引を開始して、あとあと取引条件で揉めたり、不良品率が高くてビジネスにならなかったり、思わぬ落とし穴にハマってしまうということもあるのです。

良好な人間関係に基づいて契約をしていくと、例えば取引条件や不良品問題などについても、相手は誠意を尽くして対応してくれます。前回、不良品で迷惑をかけたからと、次の発注時に値引きをしてくれるなど、お互いにパートナーとしていい関係を保とうとするのです。

こうした関係性が生まれることで、あなたの輸入ビジネスはより多くの利益を生み、多くの人に喜ばれるビジネスに発展します。

商品には寿命がありますし、さまざまな事情から製造や販売ができなくなる場合もあります。でも、人間関係はお互いに生きている限り続きます。ここがもっとも重要なポイントなのです。

ちなみに、輸入ビジネスでは、基本的に返品なしの完全買取となっています。

というのも、もしあなたが返品しようとする場合には、再び送料に加えて通関などの手続きが生じてしまうからです。メーカーサイドからすれば、返品は輸入になります。そこまで手を煩わせることなく、不良品があれば日本で廃棄処分し、そのことをメーカーに伝えて善処してもらうように依頼するのが実務的な処理の方法になります。

こうした事態を乗りきるためにも、人との関係性を重視して欲しいのです。

② 包装があって当然と思わない

海外のメーカーは、製品を包装なしの裸状態のまま出荷する場合があります。日本の市場では、それはありえません。メーカー出荷時にきちんとした包装がされているのが前提ですよね。

ところが、海外のメーカーにおいては、包装はほとんど考えられていません。できあがった製品を、簡易な梱包で出荷することも多いのです。

まして日本のように、ギフトボックスに入れる発想などほとんどありません。

ですから、**何も指示をしないで輸入すると、1個10万円もするような高級品ですら、裸**

状態で送られてきてしまうことがあるのです。

もし、日本に到着後、私たちが日本市場に対応できるような包装をすると、大変な労力とコストがかかってしまいます。とても少人数ではやれませんし、せっかくの粗利も半減です。

海外メーカーと取引をするときは、商品のパッケージ、荷姿まで確認すること。

アメリカではいいパッケージを用意しているメーカーも多いのですが、欧州では必ずしもそうではありません。

一方で、デザイン重視のメーカーは、パッケージを含めて美しくデザインしている場合もあるので、この点についてはしっかり確認をしてください。

③ 値引き交渉からはじめない

交渉と言えば値引き、と考える人が多いのも日本の特徴です。

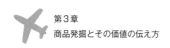

「1ついくら？　じゃ、100個なら？」とすぐ値引きの条件を確認しはじめるのでしょうが、輸入ビジネスでは避けなければなりません。

それよりも交渉の最初は、商品の確認です。販売時に不都合のない商品であることをきちんと細部まで詰めていきましょう。

値引き交渉は最後の最後です。

あなたは、海外で値引き交渉をしたらどうなるかおわかりですか？

価格の交渉をはじめたら、相手はてっきり「即決するんだ」と思うのです。この場で決めるなら、という前提で話をしています。

「いくらですか？」

「10ドルです」

「5ドルになりませんか？」

そして相手は熟考の末、「じゃあ、今回は5ドルにしましょう」と言ったとしたら、その場で契約するのが世界の常識なのです。

「いや、わかりました、持ち帰って検討します」と日本的に対応すれば、「なんだ、買う気もないのに価格交渉か」と相手は不快感を持ちます。

信頼関係に基づいたパートナーとして長期にわたって仕事をしたいと考えているわけで

すから、最初からこんなことではうまくいくわけがありません。

価格は最後。それよりも**商品の性能、品質、荷姿、メンテナンスなど、それ以外の細部をきっちり確認するのが先**です。

そもそも、最初はサンプルしか買わないのですから、価格について仮定の話をしても意味がないでしょう。

そして日本で売れるようになれば、はじめてメーカーも「たくさん買ってくれるなら割引きする」と考えるようになるのです。

また、こちらが商品について細部まで確認し、熱意を持って相手に「日本の展示会に出したい」と言えば、「じゃあ、今回はこのサンプルを無償でお送りしますよ」と言ってくれることもあります。

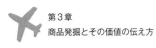

メーカーとしては、自分たちが日本へ行って展示会に出展するコストを考えれば、サンプル提供ぐらいは大した出費ではないと考えるかもしれないのです。

彼らからすれば、これまで日本の展示会には、出展したとしても国や地域単位のブースにサンプルだけの展示が多かったはずです。ですから、自社のサンプルだけできちんと独立したブースがあって日本人担当者が常駐してくれるのは、うれしいに違いありません。
私の経験では、「よかった、自分たちではどうにもならなかった」と喜んでくれるメーカーがほとんどでした。

日本の展示会に海外メーカーの社長がやってきてくれることもあります。

そうなると数あるブースの中で、外国人の担当者のいるブースは少ないですから、それだけでも目立ちます。いかにもそのメーカーの日本の代理店という感じも出せます。

値引きについては、最後の最後。「日本の小売店などから高いと言われている」といったことや「日本では似たような商品がこの価格で売られている」といったことを伝え、交渉するべきでしょう。お互いの立場を理解してこそのパートナーです。こちらから日本の流通や市場のことをフィードバックしていくことで、理解をしてもらうのです。

実績を上げる、熱心に販売活動をしてくれる、といった実績の積み重ねによって、海外メーカーもあなたのことをパートナーとしてより一層信頼してくれるでしょう。

価格だけの交渉などより、パートナーとしての協力を仰ぐほうが、将来にわたっていい関係が保てます。

輸入ビジネスの実践者たち③
一度の展示会で210万円の商談成立。着々とファンを増やし販路を拡大中

◎polestar（ポーラスター） 代表 岡村糸玖子《いくこ》さん （https://www.escora-japan.com/）

ポーラスター（静岡県磐田市）の代表・岡村糸玖子さんは、会社員をやめて輸入ビジネスで起業しました。問屋を通さずに小売店に直接販売することで、高い収益を保っています。

――いつから輸入ビジネスをスタートされたのでしょう？

2017年にパリで開かれた世界のランジェリーが集まる展示会へ行き、そこで発掘したドイツとオーストリアのものを輸入したときからです。ドイツのESCORA（エスコラ）の正規輸入代理店となり、日本で紹介しています。

――思いきった独立ですが、きっかけは？

それまで、イタリアの洋服を販売員として売る仕事や、事務・経理の仕事をしていましたが、以前から欧州のランジェリーを扱いたいと興味は持っていました。いつかやるでは

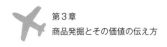

実現できないので、思いきってやることにしました。

――不安はありませんでしたか?

英語など外国語ができないことは心配していました。また、ＢtoＢの企業向けの営業はしたことがなかったので、少し不安でした。

――実際にはじめてみて、その不安は克服できたのでしょうか?

言葉は通訳を依頼することで、なんとかカバーできました。メールもはじめは翻訳の専門家に依頼していたのですが、何度かやりとりをするとパターンがわかってきて、今は自分でやっています。インターネットの翻訳なども活用しています。今のところ問題なくやれています。

営業面については販路開拓関係のセミナーに参加するなどして勉強しながら、「国際アパレルＥＸＰＯ」などの国内展示会に何度か出展して、販路を広げています。

――ご苦労された点はありますか?

相手が外国メーカーなので、意思疎通では難しいと思うことはあります。お客様からオーダーがあったのに、勝手にキャンセルされたことがありました。その商品の製造を取りやめた、と言うのです。これでは信頼を失いますので、苦労しました。製造をやめる商品については、事前に教えてくれるように頼んで、最近はだいぶ改善されてきました。

——現在の展開は？

２０１８年の秋冬に２１０万円ぐらいの引き合いがあり、そこから販路を広げていきました。今は、委託先を含めてランジェリーショップ、洋服のセレクトショップなど11の小売店さんに納品させていただいています。たくさん買っていただいたお店には、こちらから積極的に営業活動を継続しており、リピートも増えてきました。

また、地元で販売会も開催しています。

今後は、ESCORA（エスコラ）ランジェリーのファンを増やしながら成長していくのが理想です。

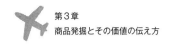

第4章

さぁ、輸入部門を立ち上げよう

1 簡単にできる驚くほど結果が出るはじめ方

最初は、社長1人で輸入ビジネスをはじめ、順調になってきたら部下を1人、2人とつけていけばいいでしょう。新たな業務として少しだけ手伝ってもらうなどすれば、新たに雇うこともなく進められます。

あなたがすでに販売ルートをお持ちの場合は、より有利に働きます。

例えば、商品の告知も今のビジネスのルートに乗せていくことで、新たな経費をかけることなくある程度はできるはずです。ホームページ、フェイスブックなどのSNSやメールマガジンなど、あなたがお使いの媒体に、新たに輸入する商品の紹介を載せるだけです。

本業で利益が出ている状態なら、経費もある程度はかけやすいでしょうし、仮に赤字の期間があっても耐えられるはずです。しっかりと商品の発掘に取り組めるでしょう。

基本は、**最初は自分で動く。それによって特別な投資はしないようにする。**新規事業立ち上げとして、最初の半年、1年は見守る気持ちも重要です。そして、利益が出てくるようになれば、それに合わせて発展させればいいのです。

初期投資も経費もほとんどかからないので、時間をかけて進めても継続しやすいのです。

スピーディーにやろうと思えば、それも不可能ではありません。すぐ海外へ行き、展示会で商品を発掘し、気の合うメーカーと知り合いになって、半年以内に国内の展示会でサンプルを展示する。その後、国内の展示会で顧客を見つけられれば、売り上げのメドが立つ可能性があります。

万が一、100万円を投じてうまくいかなかったとしても、知見を広げたと思えばいいのです。まったく後腐れがないスマートなビジネスです。

社長1人ではじめていれば、うまくいかなくても誰も文句は言いません。

やると決めたら、すぐに動き出していいのですが、最初はそれほど大げさな準備は必要ありません。

私がはじめたときは、パソコン、電話、ＦＡＸ。その他に英和中辞典、和英中辞典、ビジネス英文レター文例集２冊が机の上にありました。

しかも場所は福島県の会津。地図をご覧いただければわかるように、猪苗代湖の近く。海も空港も近くにはないところではじめたのです。都心から距離もあり、不便さを感じたこともあります。

今の時代、メールはパソコンでもスマホでもできます。辞書や文例は検索すれば豊富に出てきますし、翻訳も可能です。さらに、安い費用で翻訳をしてくれる人を見つけることも可能でしょう。

つまり、**ネット環境とバッグに入るパソコンやタブレットがあれば、どこでもできる**のです。事務所は今あるところで十分ですし、なければ自宅でも可能なのです。

輸入をサポートしてくれる公的機関

日本貿易振興機構 (JETRO)	引き合い案件データーベース (TTPP) 貿易投資制度・統計の総合検索 (J-FILE) 世界の見本市・展示会情報 (J-messe) その他各国の状況、輸入に関する規制など
日本輸入ビジネス機構 (JAIBO)	商業輸入に関する情報、展示会情報、輸入取引の実務、失敗事例など
在日大使館	日本にある各国大使館では、商務部などを設置し、輸入業者向けの情報を提供。相談窓口など
政府機関・貿易機関	各国からの商工会議所、貿易関係省庁の出先機関、貿易振興会などが日本にある。相談など

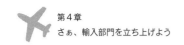

2 取引の流れを押さえる

「輸入ビジネスは科学である」と私は考えています。科学ですから、方程式があります。この方程式をキッチリやれば、ビジネスとして動きはじめます。とくに間違いが起こりやすいのは③④⑤です。この順番を間違えると大変な損失を被ることもありえます。

さあ、方程式を見てみましょう。

① 海外の展示会で商品を発掘する

もっとも短期間に低コストで発掘したいなら、あなた自身が海外の展示会へ直接行ってください。輸入ビジネスのキモは、１人でもできることであり、あなたが直接商品を発掘し、海外メーカーと話をして、さらに国内の販売業者に営業をすることです。自身でやるから成功するのです。

ネットでも未知の商品を調べることは不可能ではないかもしれません。多少はできるでしょうが、時間と根気がいります。さらにネット上の商品の多くは、すでに多数のライバルがいます。もしくは、すでに売れる時期を逸していたり、私たちの求めるような粗利が得られない商品が多いのです。

中でもネックなのは、ネットではメーカーの顔が見えないことです。どんな人がどんな思いでつくっているのか、よくわからないのです。

しかし、あなたが直接会えば、こうしたことはすぐにわかるはずです。

②海外メーカーに商品や会社の詳細を聞く

その商品や会社の成り立ち、姿勢などをきちんと聞くこと。もし輸入するとなったら、どのような価格、荷姿、スケジュール、条件になるのかを確認します。

日本への輸出実績があるかも確認してください。日本は世界でもっとも品質に厳しい国なので、実績があるなら、それに耐えられる力があるということです。ただし、そういった相手は競合も多いので、交渉が難しくなるかもしれません。

実績がない場合は、情報が少なく、品質は未知数。ただし競合はいませんので、交渉はしやすいでしょう。

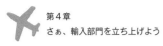

専従の営業員を持たない海外メーカーは、展示会で販売先を探しています。ですから、私たちはその販売先たりえる存在としてきちんと交渉していきましょう。

③ サンプルを注文する

展示会ですぐに契約や価格交渉をしてはいけません。サンプルを注文するまでが最終目的と考えてください。

展示会でサンプルを購入したとしても、持ち帰らず別送してもらうのが通常です。展示会に出展しているメーカーも、そこで販売するほどの在庫を現場には持ってきていないことが多いからです。

メーカーの工場に乗り込み、商談が具体的になった場合は別ですが、展示会の場なら、サンプルは手続きだけして別送してもらいましょう。

④ 日本国内の展示会に出展する

サンプルが届いたら日本国内の展示会に出して、お客様の反応を見ます。もちろん自分たちでアポ取りをして営業をかける方法もありますが、時間がかかってしまいます。展示会には多くの買い手がきます。一流のバイヤーがこぞってくるのです。その中から得られる声にしっかり耳を傾けてください。

⑤海外メーカーに発注する

見込みで大量に仕入れてはいけません。まとめて多めに発注したら「売れなくて困る」とか「3割ぐらい不良品だ」といったこともありえます。

日本のメーカーであれば不良品はまずありません。しかし、海外メーカーではあなたが思った以上に多くあるのも事実です。一度にたくさん発注しないことで、失敗を最小限にできます。

販売が順調であることを確認してから、本格的に輸入して、流通チャネルを増やすように営業していきましょう。

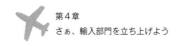

3 日本人である、これが最大のメリット

私は、「日本人の国際競争力、国際的な価値を世界のナンバーワンにする」をミッションとして活動しています。

日本人の多くは、日本の国際的な価値の高さに気づいていません。海外に行けば肌で感じます。日本と取引をしたい企業はたくさんあるのです。展示会へ行けば、あちらこちらから声がかかります。日本の話で盛り上がります。こうした事実を知ってください。

その日本にいる私たちが、今から輸入ビジネスをはじめることは、とても優位でしかも意義があることなのです。

あなたが思っている以上に、**海外メーカーから見ると、「日本」は安心できる顧客がたくさんおり、是が非でも進出したい市場**なのです。

「日本からきました」と言えば、他のどの国や地域の人たちよりも優先されることが多く、

最初はビックリします。

彼らのイメージは、「日本はＧＤＰで世界第３位」であり、小さい国にもかかわらずアメリカや中国と経済的にしのぎを削っている国なのです。さらに日本製品は優れており他を圧倒しています。支払いも良く、日本は信用できると判断してくれています。「日本」はある種ブランドとなっています。その日本からきたあなたは、有利な立場にいるのです。

日本への製品輸出に積極的な国では、その国の政府から私たちを展示会に招待してくれることもあるのです。旅行費用を負担しても、招きたい相手なのです。私も何度も招待を受け、スペインなどに行っています。私のクライアントも、ギリシャ大使館から招待を受けて展示会へ行き、すばらしいオリーブオイルに出会って、その輸入を手がけています。

こういう場合、あなたはＶＩＰ扱いされ、普段は会うことのできない、さまざまな人と出会えるチャンスがやってきます。

大使館主催の晩餐会などに招待されると、来日している有力メーカーのトップや、その国の名士、政治家などとも交流ができるのです。

4 契約より信頼関係

本書で何度か述べましたが、問屋というものは、日本以外では存在しません。海外の流通はシンプルで、基本あるのはメーカーと小売店だけです。ですから、日本のようにメーカーに問い合わせたら「問屋から仕入れてくれ」と言われるようなことはないのです。

例えば総合商社は英語でも「Sogo shosha」と表記されています。そのような形態を持つ企業は、海外には滅多にありません。

ですから、海外では、自分たちは問屋（ホールセール）だ、と言われても鵜呑みにしないことです。そのようなところと契約する必要はなく、メーカーと直接取引してください。

●パートナーとして

未知の商品を発掘し、それを日本市場に紹介するのが主な業務となりますが、そこで終わりにしてはいけません。より売れるように、あなたはメーカーにアドバイスをしてパートナーとして活動しますが、同時に国内で販売してくれる販売先ともパートナーの関係になります。

メーカーに対しては「日本で売るなら、こういうパッケージがいい」とか「ネーミングもこうしよう」といったアドバイスをあなたがしていくことになります。より売れる方法を一緒に考えるのです。

そして小売店側とも「こう売ればもっと売れる」を一緒に探っていきます。「この間、こういう使い方をしているお客様がいてね」と小売店から聞いた話をヒントにして、商品の新しい側面をアピールしていくことも考えられます。それをメーカーにフィードバックして「そういう使い方なら」と改良につなげていくことにもなります。

●契約に縛られるな！

契約書は雛形がありますので、それで対応できます。

その他手続き上、輸出する側は通関などを含めて手続きはいろいろありますが、**輸入側で用意するのは発注書ぐらい**で、とても簡単です。

メーカー側で自社用の発注書を用意しているところも多く、発注についてはそれに記入して送付するだけ。先方にあるなら、それを活用すればいいでしょう。

「でも、なんだかんだ、契約書で揉めるのではないでしょうか？　外国企業との交渉はそれが大変そうです」と言う人がいます。でも、これも私たちのやろうとしている輸入ビジネスでは、ほとんど関係がありません。

もちろん、契約書を交わすことはビジネスの基本です。ですが、実務として輸入ビジネスを考えたとき、それは必ずしも最初にすべきことではないのです。

欧州の展示会で私たちが出会うメーカーの多くは中小企業です。いわゆるファミリービジネスです。伝統的に口頭契約も多く、それを紳士協定としてお互いに守っていけば、煩雑な書類のやりとりなどはありません。

書面に残すことで、メーカー側も私たちもそれに縛られて、その後のビジネスがやりにくくなることを嫌うのです。

口頭で合意し、ビジネスを前に進めていくのが一般的です。ですから、あなたが恐れている以上に、自由度が高いビジネスだと言えるでしょう。

契約書を整えてからビジネスをしていこうとすれば、半年や1年はあっという間にすぎてしまいます。これは総合商社や大手企業のやり方と言えます。

私たちが輸入ビジネスで、果敢に業績を伸ばしていくためには、スピードを優先させていくことです。そのスピードで大手をしのいでいくのですから。

そもそも論ですが、契約書で揉めそうな相手とは最初から組まないことです。自由にやれないなら、お互いにつまらないでしょう。そもそも、売れなければどれほど立派な契約をしたところで意味がありません。

なお、**アメリカのメーカーに関しては、契約書ベースとなる場合が多いので、きっちりと取り交わすことになります。**この場合は、外国企業との契約に詳しい人の手を借りるなどしてしっかり対応しなければなりません。私は、はじめて輸入ビジネスをする人には、その後のハードルも高いため、アメリカからの輸入はあまりオススメしていません。

● 契約書を鵜呑みにするな！

契約書は、相手側のものをそのまま鵜呑みにするのは極めて危険です。

ギャランティーの項目があるときは、慎重に対応しなければなりません。ギャランティー

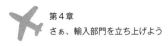

とは、**「これだけ売らないときには」**といったように、販売数量などの保証をする項目です。あなたが一定数を売れなければ、一方的に契約が破棄されてしまったり、ペナルティが課せられたりすることもありえます。

こうした点は、「こんな項目があるから契約できない」ではなく、「これは了承できるが、こっちは削除してください」といったやりとりをしながら完成させていくことになります。このような場合、あなたが英語が苦手なら、専門家を交えて対応するべきです。

このように、契約書については、メーカー側が言い出したときはともかく、輸入ビジネス側の私たちが言い出すことではありません。たいがい、契約となったときには、私たちの自由度が減ります。そうまでしても欲しい商品ならともかく、どれだけ売れるかわからない商品では、こうしたことをしている時間がもったいないでしょう。

契約ベースで輸入ビジネスをはじめたある人の例をあげておきましょう。

その人はとても気に入ったコーヒーを見つけ、メーカーと契約することにしました。

契約の内容には、売れても売れなくても毎月一定量を購入する約束が含まれていたのです。従って、問答無用で毎月コーヒーが送られてきてしまいます。もちろん代金は払わなければなりません。結局、過剰な在庫を抱え、鮮度の問題もあることから、売れない分は社員や家族で消費しているという笑えない話になってしまいました。

どれほど気に入ったコーヒーだとしても、これではビジネスとして厳しいでしょう。ですから、このような契約に縛られない自由な関係性を築くことを目指してください。

私たちがオススメするのは友好関係をベースに、結果で満足していく商売です。メーカーは日本市場に進出して販売数が伸び、私たちは輸入ビジネスとしてＢ to Ｂの関係を築いて利益を得ること。そのために必要なことは何か。どのような工夫ができるか。どのようなアイデアがあるのか。それが重要なのです。

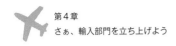

そもそも中小企業、少人数のビジネスで、大手よりも先にいい商品を見つけて販売しようというのですから、**自由度とメリットを予め確保して進めるべき**でしょう。

なお、私を含めて、輸入ビジネスをしている仲間たちで、過去に海外メーカーの独占権を巡って大企業と競合したときに、一度も負けたことがありません。それは、大手になればなるほど、社内の手続きが煩雑で時間がかかってしまうからです。おまけに、その手続きの真っ最中に窓口の担当者が異動してしまうということも起こるからです。

こちらはいつも同じ人間で、1人ですべてを即決できるのです。

先方のメーカーは、どちらと取引をしたいでしょうか。

「おまえがいい」「あなたに任せる」と言っていただけるのは私たちです。

●卸先が大手企業のとき

一方、海外のメーカーとの取引ではなく、国内での売り先が大手小売業の場合、相手はどのようにして自らのリスクを回避するのか見てみましょう。彼らは、私たちから直接購入するのではなく、間に先方の専属の問屋や卸会社を入れることになります。

例えば、大手の小売チェーンが気に入ってくれて販売することになったときには、その窓口となる問屋などに商品を卸すことになります。

日本はやはり問屋による流通が中心です。百貨店や小売チェーンなどは、ほぼ問屋を通すことになります。日本では日本のやり方に従うことになります。この点では、どうしても自由度は制限されることになりますが、手間は大幅に削減できますし、プロの問屋なのでいろいろなことを教えてくれる情報源としてのメリットもあるはずです。

5 どの国の展示会に行けばいいのか

展示会がいつ、どこで開かれているのか、探していきましょう。

あなたは、どの国の展示会がいいと思いますか？　まず**日本輸入ビジネス機構（JAIBO）の「展示会カレンダー」**もしくは、**ジェトロの「世界の見本市・展示会情報（J-messe）」**で世界中の展示会を見てください。約２０００もの見本市・展示会があります。対象の業種もさまざま、規模もさまざまです。

この中から、私たちが一番にオススメしているのは、あなたが興味のある国、あるいは好きな国の展示会に行くことです。以前から興味があって、ぜひ行ってみたかった国はどこですか？

また、自分の関心のある分野（業種）から探すのもいいでしょう。例えばファッションならイタリアやフランスが、工業品ならドイツ周辺が思い浮かぶのではないでしょうか。

海外の展示会の例

開催国／都市	名称など
ドイツ	Hannover Messe 毎年４月 来場者数：2,150,000 人　出展社数：6,200 社
フランス	SIAL Paris - Salon International de l'Alimentation ２年に１回　10月 来場者数：310,000 人　出展社数：7,200 社
イタリア	VINITALY - International Wine & Spirits Exhibition 毎年４月 来場者数：125,000 人　出展社数：未発表
中国／香港	Hong Kong Gifts & Premium Fair 毎年４月 来場者数：49,469 人　出展社数：4,380 社
中国／上海	Kitchen & Bath China 毎年６月 来場者数：177,236 人　出展社数：4,536 社

世界の見本市・展示会情報（J-messe）より
https://www.jetro.go.jp/j-messe/

※J-messe では、1800を超す世界の展示会・見本市を、地域別、業種別に検索でき、問い合わせ先などを含めて詳細が表示される。日本に窓口のある展示会・見本市もある。

●まず、欧州へ行こう！

初心者が行くべき展示会は、欧州です。

日本からは遠い、各国で言語が違うなど、ハードルが高そうに見えるのですが、ビジネスに関してはむしろハードルは低いからです。


日本は欧州の文化を明治時代から手本としていたこともあり、欧州の商習慣はきわめて日本人にもわかりやすいのです。気持ち、考えが理解しやすいと言ってもいいでしょう。

貿易におけるトラブルの多くは、お互いの勘違いや見込み違いから起こります。そして不信感が大きくなってこじれていきます。最初に信頼がなければ、どんな国の人ともうまくビジネスをやっていくことはできません。

信頼関係において、欧州ではほぼ紳士的なルールに基づいて進めていくので、お互いに誤解を生じる場面が少なく、スムーズに進められます。


また、**アジアでは発注の量が重視されますが、欧州では1個単位での発注も可能**です。

1個単位で発注できる便利さは、余計な在庫を抱えなくていいので、私たち小規模な会社には大きなメリットです。

●アジアの展示会の厳しさ

アジア各国との取引なら、用意する費用も少なくてすむかもしれませんし、渡航費用も安くあがるでしょう。知り合いがいる、親しみがある、といった場合もあります。

ところが、現地に行くと、日本の商慣行に比べるとずっとしたたかです。そもそもの文化に大きな違いがあるため、相互理解に少し時間がかかります。こちらが常識だと思ったことが、あちらには伝わらないといったことが起こります。

アジア各国とのビジネスは、商道徳、ビジネスのやり方など、さまざまな点でハードルが高いのです。つまずいたり失敗することもそれだけ増えます。

アジアでの生産品は、とんでもなく大量の購入を条件につけてくることが多いのも特徴です。薄利多売なので、一度にかなりの数を注文しなければ売ってくれません。それを日本市場で捌けるのか、という大問題に直面します。

ミニマムオーダーとして、数千個単位になってしまうと、確かに1個あたりの仕入れ価格はとてつもなく安いのですが、そこだけに目がくらむと、あとあと不必要な在庫が発生してしまい、その後の費用（在庫の管理、保管費用）を負担しなければなりません。

そもそも単価の安い商品は、大量注文が前提になりやすいのです。

グッチやセリーヌなどの商品は、そういう方向とは真逆にあります。1個の単価は高いですが、在庫が大量に発生して苦労するリスクはありません。

中には**「安かろう悪かろう」**がありますので、欧州よりも輸入しはじめてから検品費用がかさんだり、不良品交換の手間が生じる恐れは高くなります。

● 魅力的だがハードルの高いアメリカ

アメリカの展示会へ行けば、進んだ商品を見せてくれることでしょう。

ただ、1つ問題があります。アメリカは北米という巨大マーケットを自分たちで持っていて、まずはそこで売ることが彼らの目標です。次にカナダ、メキシコで売ることが目標となります。こうなると、日本から行ったところで、あまり相手にはされません。**展示会に出ているメーカーにとって、日本市場はそれほど魅力的ではない**のです。

また、アメリカでの商談を経験されたことのある人ならご存知でしょうが、第一に、**売**

る側の態度の大きさ。「買ってください」ではなく「売ってやってもいいけど」といった姿勢に耐えることができるのか。

そして、**アメリカでは語学力がとても重要**です。メーカー側の言う速射砲のような英語が理解でき、こちらが相手にわかる英語でしっかり話せなければ、相手にしてくれません。多民族国家ではありますが、英語を話せない人に構っている暇はないというのが、アメリカ式のビジネスです。他に有望な顧客がいっぱいいるのですから。

もちろん、あなたがアメリカのメーカーや、アメリカの人たちとのビジネスに精通しているといった利点があるなら、行くべきです。初心者にはオススメできませんが、専門的な知識や人脈のある人なら、うまくスタートできるかもしれません。

こうした点から、はじめての輸入ビジネスは、まず欧州から。多少経験のある人でアジアからはじめていくことになります。

展示会の地域別の特徴

	メリット	デメリット
欧州	商習慣が似ていて交渉しやすい。 言葉の壁を乗り越えやすい。 伝統や文化の魅力がある。 優れた商品が多い。 日本から遠いため、歓迎される可能性も高い。	言語がバラバラ。 英語を共通語としているが、堪能ではない人も多い。
アメリカ	最先端商品が集まる。 機能重視。 とんでもない未来（新しい商品）がある。	契約面でハードルが高い。 英語が堪能で専門分野の知識が豊富でなければ相手にされない。アメリカ国内向けを考えているメーカーにとって日本市場はあまり魅力的に思えない。
アジア	安い商品が多い。 商品のバラエティも豊富。 日本から近いので渡航費用も安い。	商習慣が日本的感覚からは遠く、交渉が厳しい。 大量購入を求められる。 不良品率が高い。 品質が安定しない。

6 海外の展示会に行ったら

渡航にあたっては、**観光ビザ**で問題ありません。

名刺は英語表記でつくっておいてください。

スマホは必携です。どこの展示会場でもフリー Wi-Fi が用意されていますから、調べたり、メールしたり、地図を見たり、それに会話時の翻訳などにも活躍してくれます。

私たちはお客様なので、困ったときは翻訳機を使ったりスマホの翻訳機能を使うなどして、問題なく交渉できます。そのほうが、よくわからないまま会話を続けていて、誤解したままになるよりもお互いに安心できます。微妙な発音や言い回しでまったく反対のことを言っていた、なんていうことも過去にはありました。

一度会ってしまえば、あとは日本にいても、スカイプやメールを使って直接、海外メーカーとやりとりができます。

言葉の壁は確かにありますが、私たちはメーカーと友だちになりたいわけではないのです。ビジネスをしたいのです。**ビジネスを前提とした関係を築くには、ポケトークやGoogle翻訳でのやりとりでもしっかり結果を出せます。**

そして、お互いに稼げるビジネスにできれば、親友以上の関係になります。結果が出ればいいのです。

●いよいよ発掘開始

だいたい2日から3日かけて1つの展示会を見て回ります。

このとき大事にしたいことは、「その商品の価値を、日本に伝えることができるかどうか」です。それをやるのは、あなた自身です。サンプルを送ってもらい、日本の展示会で来場者たちに「これはこういう商品ですよ、ここが優れていますよ」と説明できるかを考えてください。その意味でも、自分の得意分野に関する商品から紹介していくほうがやりやすいはずです。

なお展示会場内では、基本、撮影禁止です。とくに商品は特許や企業秘密に関わるものもあるので、親しくなったメーカーでも写真を撮るときは許可を得てください。

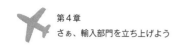

●メーカーの期待

ものを売る側は、早く結果を欲しがると思われるかもしれませんが、欧州ではあまりそういうことはありません。

傾向としては、欧米などの未来形の展示会では、ほとんどのメーカーが性急に売ろうとはしていません。相手が自分にふさわしい相手かどうかを見極めて、パートナーを選びたいと思っています。

一方、東南アジアなど過去形の展示会では、「今決めてくれれば値段を下げる」とか「これだけ発注してくれれば、単価を下げる」といった話が出やすい傾向があります。

同じアジアでも香港やシンガポールは、展示しているメーカーの多くの人たちが欧米で教育を受けていたり、欧米で企業経験をしていたりすることが多いので、ビジネスのスタイルも欧米と変わらない傾向が見られます。

いずれにしても、どの展示会でも過剰な売り込みに負けてしまうと、あなたの輸入ビジネスはたちまち苦境に陥りますので、くれぐれも注意してください。

●何が求められているか？

欧米の展示会で多くのメーカーの関心は「あなたたちは、この商品を日本でどのように販売するつもりなのか」といった、中長期にわたるあなたの展望です。

即断即決でいくら、といった話はまず出ません。それよりも、あなたがどのように日本市場に商品を紹介してくれるのか。そしてより長くビジネスパートナーとしてつき合ってくれる人たちなのか。それを重要視しています。

お金の話よりも、こうした中長期の視点で話のできるメーカーとつき合っていくべきでしょう。

●年間の活動に組み込む

展示会シーズンは、だいたい開催時期が決まっています。例えば、1月から4月の間に、欧州ではいくつもの展示会があるので、短期間の滞在で複数見ることも可能です。

1つの都市で2つの展示会が続けて開かれることもあります。人によっては、イタリアの展示会へまず向かい、そこからフランス、ドイツと回って幅広く商品発掘をすることもあります。

仮に展示会でピンとくる商品がなかったとしても、展示会は頻繁にあるので慌てることはありません。ムリをしてよくわからないもので勝負をかけるよりも、納得できる商品、メーカーに出会ってからスタートさせましょう。

私たちのビジネスが本格的にスタートするのは、サンプルを日本の展示会に展示するところからです。それまでは、楽しく、興味本位で、「こんなものがある」「あんなものもあるぞ」と展示会を飛び回り、メーカーと協議し、「今度の展示会にはこれとこれを並べてみよう」と思いをめぐらせながら、サンプルを発注しましょう。

●ツアーでは交渉時間がない

ビジネスツアーとして、欧州などの主要な展示会を巡るパッケージツアーがありますが、ツアーの内容をよく確かめてください。展示会の会場にどれぐらいの時間滞在できるでしょうか。ほとんどが観光で、その中に展示会の「見学」が気持ち程度しか入っていないこともあります。これでは、とてもメーカーとゆっくり話をすることもできません。

商品発掘のためには、個人ツアーを基本に考えて旅行代理店で相談しましょう。

7 メーカーに話を聞く

●メーカーは人で選ぶ

商品以上に大切なのが、取引相手です。

まず、人を見よ、と私は常々言っています。

海外の展示会では、ブースに入ったときの最初の対応である程度わかります。相手の腰がちょっと引けていると感じたり、責任者がいないときは、話にならない場合が多いのであとにします。

トップに会うことが第一の目的です。トップが「ＹＥＳ」なら問題なく進みます。責任者以外といくら話をしても、うまく進みません。海外はトップダウンで物事が決定することが多いのです。

「責任者はいらっしゃいますか?」と必ず確認し、その人と話すようにしてください。

その**トップがあまり熱心ではなかったり、横柄な場合は避けます**。

「よかったら売ってやってもいいけど」といった感じなら、この先、時間をかけるだけの価値はないかもしれません。ムリに話を進めていっても、トラブルが発生しやすいのはこのタイプです。「そっちが欲しいって言ったじゃないか」と、言われてしまうこともあります。

輸入ビジネスと聞くと、海外に出向いて、そこですばらしい商品を発見し、「ぜひこれを日本へ輸入させて欲しい」と、相手の頑固な経営者を何度も説得してようやく承諾を得る。そして、「やっと日本上陸！　大成功！」みたいなサクセスストーリーを思い描くかもしれませんが、必ずしもそうではないのです。

むしろ、**商品に惚れ込んでしまったときは要注意**です。その商品がいいゆえに、メーカーに声をかける人は、あなただけではありません。途方もない数の人が声をかけてきているのです。

我々は、その大勢の中の1人の日本人にすぎません。ですから、こちらのためだけに、相手が積極的に何かをしてくれることは期待できないのです。

確かに昭和の時代には、惚れ込んだ商品を粘り強い交渉の末、日本に輸入して成功するという典型的なサクセスストーリーも、実際にありました。

でも、今は、ちょっと事情が変わってきているのです。

グローバルな競争社会となった今、優れた商品は世界のあちこちで次々と生み出されています。つまり、目の前にある商品だけではなく、他にも優れた商品がたくさんあるのです。

こうした時代で大事なのは、商品以上に人なのです。その人が持つ潜在力と言ってもいいかもしれません。お互いを尊敬し合えるパートナーとして認めて継続的にビジネスができる人を選ぶことです。

私たちが先方の価値を認め、先方も私たちに価値を認めてくれたときに、はじめて取引が成立するものです。もし、向こうがこちらの価値を認めていないときは、ちょっと待ってください。そのメーカーを説得するより、もっといい商品を出すメーカーを探すほうがいい場合が多いのです。

相手が何らかの理由で気乗りしていないと感じたら、ムリに進めるよりは違う相手を探していくことを優先してください。

これは婚活パーティーにも似ています。相手にその気がなければ、いくら話をしても時間のムダで、結婚したがっている人から優先的に話をするべきなのは明らかでしょう。**努力して時間をかけて説得するなどして振り向かせた相手とは、それからずっと対等のパートナーではいられません。**常に相手が上の立場になるからです。

これでは最初はいいかもしれませんが、長くは続きません。

ビジネスパートナーは、お互いにフェアで、対等であるべきです。

●責任者に確認しよう

責任者に会ったら、発注後の納期について詳しく聞いてみてください。生産について重要な要素にハッキリ答えられない輸出者は危険です。

いい商品を展示していたとしても、メーカーとしての姿勢がまだ日本に輸出するほどには整っていないのです。

できるメーカーと、いかにパートナーとなれるか、それがとても重要です。

あなたの全精力を注ぎ込むに値するメーカーを選びましょう。

逆に、あなたの**会社の規模だけを問題にするメーカーは避けましょう。**過大な要求が多く、あとあとトラブルになりやすいからです。

相手の失敗経験は役に立つ

欧州の展示会で私たちとガッチリと組めるメーカーの中には、以前に海外に販路を広げようとして失敗したことがあった、もしくは考えてはみたがどうやっていいかわからないままになっているというような経験を持つところも多いのです。

日本市場で失敗を経験しているメーカーは、それだけに、「長い目で見てやろう」と考えてくれて、「そのためにできることは協力しよう」という感じで接してくれるのです。

そういうところは、むしろ狙い目です。

メーカー自身も、「こうやったほうがいいんじゃないか」「うちから誰かを展示会へ送ろうか」「自分が行こう」「日本の通販会社を知っている人間がいるので、紹介してあげよう」などなど、さまざまな情報を提供してくれるものです。

このような関係になるには、やはり相手の人柄が重要です。

メーカーに価値観を聞こう！

私は、「どんな風にものづくりをしているのか」「何を考えているのか」といったことを重視して、メーカーから話を聞くようにしています。自分の事業に対する価値観です。

また私たち取引先への考え方も質問します。1つの国でたくさんの販路を開拓したいのか。それとも1つの販路で長くやっていきたいのか。リスク分散の発想で多くの人と取引を持ちたい場合と、1社だけと取引をしていきたいと思っている場合では、私たちの取るべき販売戦略はまったく違ってきます。

私は、少ない相手、もしくは私たちだけと長く取引をしたいと考えているメーカーとつき合うようにしています。結果的に、そういうメーカーとのつき合いだけが残っていきます。

●ホームページは重要か？

展示会で気になったメーカーのホームページは、必ずチェックしましょう。他にどのような商品を扱っているのか。どんなコンセプトで製品をつくっているのか。できるだけ情報を知っておきたいからです。

しかし、ホームページがないメーカーもまだまだあります。古くからやっているメーカーや家族経営の小さな会社だと、とてもよく売れている商品をつくっているのに、ホームページがありません。実はこれも、展示会に出向いて探すことの1つの理由でもあります。

一方、新しい企業はホームページにも力を入れているところが多いので、情報もたくさん得られます。こちらは素直にその情報を得て、相手と話をしながら確認していけばいいでしょう。

●がっかりする必要はない

展示会のときはとてもいい関係と思えたのに、いざサンプルを催促してみると「やっぱりやめる」とか「あんまり販売したくない」などと言い出すケースもゼロではありません。そのメーカーにとって、主力ではない商品だったり、儲からない商品だった場合に、こうしたことが起こることもあります。こちらが欲しい商品であることも大事ですが、相手が売りたい商品であることも大事なのです。

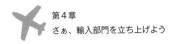

8 ファーストコンタクトは重要

人間関係は、ファーストコンタクトがとても重要になります。

日本の場合、総合力で評価することが多いと思います。「あの会社の、あの役職の、○○さん」といった具合でしょう。ですが、欧州で中小企業とビジネスをするときは、「○○さん」が真っ先にきます。看板は関係ありません。

ですから、あなたも、知られていない会社だからと気にすることはありません。堂々と話をしていいのです。年商がいくらとか資本金がいくらとか、そういうことより、人間同士としての関係性が重視されます。あなたが、どのくらい熱心なのかが何より重要です。

以前、日本の輸入会社が倒産したときのことです。その会社は、欧州のある著名なブランドと契約をしていました。一般的に考えれば、会社がなくなればその契約も白紙になってしまうはずですよね。

ところが、欧州のブランド側はそうは考えませんでした。

「われわれが契約したのは○○さんだ」と、倒産した会社の輸入部門のトップとの関係を継続し、個人になってしまったその人に、販売権を与え続けたのです。

その人はそのブランドの協力によって、会社の事業を引き継ぐことができました。

ブランド側が継続性を考えれば、これは至極もっともな話です。

会社を相手にすれば一見安心なようでも、担当者は変わるし、事業の方針も変わります。倒産したり身売りしたりすることもあるのです。

一方、個人はその人が生きている限り、変わらない関係が築けます。

どちらとの関係も大切ですが、個人との関係はそれほど面倒なものでもありませんし、気心も知れていて楽なので続けやすいのです。任せてしまえばいいわけですから。

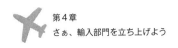

個人と個人のつながりを重視する所以《ゆえん》です。あなたも、ぜひそのつもりで取り組んでください。

「あなたの商品を、日本では私がフルタイムで取り組みます。全力で販売します」と力強く伝えれば、先方のメーカーも安心するのではないでしょうか。少数でも必ず精一杯、販売してくれる人と組むほうがやりやすいと思うのは当然でしょう。

日本のどういう展示会に出してどういう人たちに向けて売り込んでいくのかをきちんと説明していけば、わかってもらえるはずです。そういうあなただからこそ組んでみたいと思ってくれるメーカーと組んでいくことをオススメします。

●新しい顧客を探している

展示会場に出展しているメーカーは、新しい顧客、新しい市場を探しています。新商品はそのための撒き餌のようなものです。

新商品は魅力的で、売れそうなものばかりに映るでしょう。

ですから、私たちは新商品に興味・関心を強く持つのはいいのですが、そこだけにとらわれてはいけません。

相手は、長期にわたって自分たちの売りたい商品を数品種にわたって扱ってくれる人を探しているのですから。撒き餌である新商品だけを見たのでは、こうしたメーカーの本心を見誤ることがあるのです。

彼らは、あなたとつながることによって、自分たちのブランドが日本市場に浸透することを願っています。そして、反応が良ければ日本向けにさらにいい商品を開発しようと考えてくれるはずです。

こちらとしても、国内ではメーカーという立場になるのですから、責任を持って対応できる相手と仕事をしていかなければなりません。安定的に高い品質の商品を継続的に提供してくれるメーカーが大事なのです。やる気、生産体制、能力があるかどうかを確認していきましょう。

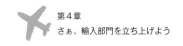

9 さぁ、サンプルを発注しよう

● 数社と仲よくなろう

1社だけに絞ってしまわないこと。いくら最高のパートナーを見つけたと思っても、相手にも事情があります。日本と欧州、日本とアジア、いずれにせよ距離がありますので、次第に疎遠になっていくメーカーもあります。少しずつ反応が悪くなってきて、対応してくれなくなったり、こちらの求めている製品をつくらなくなってしまったりすることもありえます。

契約時はとても積極的だった人が、いざ輸入となったときになぜか消極的になっていく例もゼロではありません。

「方針が変わりました」と言ってくるケースもありえます。私たちのせいではなく、結果的に海外への輸出が難しいと判断する場合もあるのです。

従って、できるだけ2社か3社にサンプルを発注しましょう。

●サンプルの発注

国内展示会で必要なサンプルは、1商品につき3点くらいあれば十分です。それを何種類か用意します。

サンプル発注から入手までの流れはこうです。

発注すると請求書がきますので、送金で全額を一括で払います。入金がメーカーによって確認されたあと、サンプルは発送されます。

商品発掘と言うと、「これだ！」という1つを見つけるイメージかもしれませんが、そこで製造している全製品を扱うぐらいの気持ちで対応していきましょう。

一番気に入った商品群に加えて、できるだけ多品種の商品を日本の展示会で展示して反応を見ます。

こうしたメーカーを2社、3社持っていると、あなたは安定して展示会に新商品を出すことができるようになるのです。

いろいろサンプルを並べた中から、稼げる商品が登場してくるだけではなく、さらには大ヒット商品、ロングセラー商品に成長していくこともよくあるのです。

ただし、展示ブースを一コマ程度の小規模でやる場合は、あまり多くのメーカーを扱うと専門家として見えにくくなりますので、注意してください。

●海外展示会で商品を買ってはいけない

「売り込まれて買っちゃいましたよ」と言う人がいます。海外の展示会ということで気分が高揚したのか、気負いすぎたのか、あれほどサンプルだけと言っていたのに商品を発注してしまうのです。そして、「だって、これがこんなに安いんですよ」と言うのです。

ですが、私は最初からいきなり商品を購入することは、オススメしません。とてもリスクが大きいからです。

展示会は、商品を見つけ、コネクションをつくる場です。さらに、ビジネスパートナーになれそうな相手かどうかを見極める場です。

その上で、サンプルを日本で展示してマーケティングをした結果売れれば、はじめて本格的にパートナーとして組んで動いていくことになります。

10 独占販売権の魅力

独占販売権を取得していなくても輸入ビジネスはできます。が、取得できれば、圧倒的に差別的優位性を持つことができ、有利になります。

独占販売権を得ると、価格競争が起きないので、こちらで設定した価格で販売ができます。さらに商品の成長を自分たちでコントロールできます。

輸入ビジネスで避けたいのは、複数の代理店ルートで日本市場に商品が供給されていき、結果値下げ競争となり、一時的なブームだけで終わってしまうことです。つまり供給過多です。値下がりどころか、値崩れが起きてしまうと、もはやビジネスをしているメリットは感じられなくなります。

それを防ぐためにも**独占販売権を得て、自分たちで供給量を需要に合わせて調整していくことが重要**になります。

独占販売権の取得はそれほどハードルの高い話ではありません。誰でも取れる可能性があります。

日本の場合、こうした権利の取得も総合商社などがやってきたことなので、個人や中小企業で取れるのかと思われるかもしれませんが、問題なく取れるので安心してください。

私自身、会津若松で小さな会社をやっていたのですが、スペインの会社の独占販売権を取得できたことで、日本全国から台湾、香港にまで、販路を持つことができたのです。独占販売権を得て展示会に出展した結果です。

「日本ではうちだけでお願いします」と、きちんと説得するとわかってくれる海外メーカーはかなりたくさんあります。

メーカーとしても、一度に大勢の相手と取引するよりも、1社に絞ったほうがやりやすいからです。

私の経験上、**欧州の展示会に出ているメーカーの7割から8割は、1地域1社だけと取引していきたいと考えています。**

メーカーに対して、私たちが独占販売権を求める理由を説明し、さらに独占販売権を得れば、どういうメリットがあるのかも説明していきましょう。

・１社に絞ったほうが得です
・私に絞ってくれれば、日本で最大の展示会に出展します
・私に任せてくれれば、私がコストをかけて、あなたの会社の製品を日本市場でアピールしていきます

このような話をします。

独占販売権を得るときに、メーカーが権利についての金銭的な見返りを求めてきたら要注意です。

通常、メーカーは独占販売権を「売る」ことはありません。すでに世界に冠たるスーパーブランドであれば起こり得ることですが、まだ日本でほとんど紹介もされていないメーカーではありえません。

独占販売権という権利そのものを売ろうとするメーカーがあったとすれば、キッパリと断ってください。ムリにそのようなところと商売をする必要はありません。

なぜなら、私たちもメーカーも立場は違えど、同じ物販事業者です。お互いにものを販売して正当な利益を得ていくというのが本筋だと、私は考えるからです。

もちろん、独占販売権を持つことによるデメリットもあります。日本という大きな商圏を任されるということは、自分たちだけでその商圏に届くように宣伝活動をしなくてはならないからです。小規模な企業にとっては、その労力と時間は膨大なものとなる場合もあるでしょう。

アメリカで発掘したWさんは、相手メーカーから「あなたは、うちの商品以外は扱わないでくれ」と約束させられました。それでいて「われわれは、あなた以外の日本の会社とも取引を自由にやる」と公言したのです。

そしてメーカーは、それをしたためた契約書を送ってきました。Wさんは忸怩《じくじ》たる思いをしながらも、承諾してサインしてしまったのです。

これほど不平等な契約はありません。

「商品がどうしても必要なので、契約したのです」とWさんは言います。でも、そうでしょうか？　私は経験上、そうは思えないのです。

確かに商品選びのときに、きっかけとして、自分の関心のあるもの、得意分野から見ていくことをオススメはしています。しかし、最高の商品だからという理由だけでこういった関係を結ぶことは、後々あなたのビジネスを制限してしまうことになります。たとえ相手の商品が最高の商品でも、取引相手として不適切なら、ビジネスをしてはいけません。フェアで友好的な相手とビジネスをすべきなのです。

11 商品のアピール方法を考える

商品に付加価値をつける方法は、とてもシンプルです。

メーカーに、その**商品についての物語を教えてもらう**こと。どういう経緯で開発され、今に至るか。

また、どのような思いを持って起業したのか。どんな歴史があるのか。

これらのストーリーをまず日本市場に伝えることです。

「これからの子どもたちに、よりよい環境を残すために開発しました」といった話は、商品の性能や細かい仕様の説明よりも多くの人の心に響きます。

王室御用達であるとか、大使館も推奨しているといったブランディングも有効です。

100年以上の伝統がある、300年変わらずにつくり続けている、職人たちが手づくりで仕上げている、稀少価値などなど、物語はいろいろな角度から表現できるはずです。

これは私たちが外国の展示会でメーカーと会ったときに、最初に見聞きするような話とほとんど同じです（第3章―6「価値は伝えなければわからない」参照）。それを日本向けに伝えていくのです。

欧州はそもそも、歴史のある国が多いため、どのメーカーも何かしら逸話を持っているものです。そして、日本では欧州に対するいいイメージ、ステータスを感じる人が多いこともあって、それに見合ったストーリーは受け入れられやすいのです。

商品と一緒に、文化、習慣を添えて輸入するのです。

一方、アメリカは機能性、新規性が中心になります。どこがどうイノベーティブなのか。革新性をアピールすることになるでしょう。

また、テレビショッピングでやっているような手法も有効です。**すでにどこでどれだけ売れている、こういう人が買っている、購入者はこんな風に喜んでいる、といった情報を提供**しています。ぜひ、参考にしてみてください。

そして、**販売にあたってはまず長所を強調する**ことです。お客様（最終使用者）に長所をしっかり理解していただかなければ、購入してはもらえません。

この点もテレビショッピングで何をどうアピールしているかを研究してみるといいでしょう。

12 売価設定する

売価は原則自由です。とはいえ、参考までに私たちが実際にやっている売価の設定方法をご紹介しましょう。価格は自己判断でなく、さまざまな要素で決めることになります（191ページの表参照）。

この表で、**未来（未知の商品）なら5倍、過去（安い既存の商品）なら10倍**にしていますので、あなたは「そんなあこぎな！」と思われるかもしれません。ですが、きちんと流通を考えれば、法外ではありません。

商売とは、もともとは物々交換からはじまりました。海で取れた魚を山へ持って行き炭と交換する。山では魚を食べることができ、海では魚を炭火でおいしく焼くことができる。すばらしい価値がそこで生まれています。

その商売をやりやすくしているのがお金であって、お金を通して商売をし、そこで利益を得るのは基本中の基本です。中途半端な倫理観で「儲けるのは良くない」と言ってしまうと、価値創造のチャンスを失ってしまうでしょう。

商売人は誇りと覚悟を持って売価を設定し、しっかり利益を出すことが大切なのです。

ちなみに海外メーカーは、日本の売価には関与しません。

稀に売価に関心を持つことがありますが、このときは日本の流通のやり方を伝え、「問屋に卸してから小売店に並ぶので最終的な価格がこうなります」と説明してあげましょう。

メーカーは私たちに販売した時点で完結していますから、その先までの流通や価格には関与すべきではないと考えているのです。

売価の設定方法

ステップ１ 仮の原価を出す

① 価格を確認
② 輸送コストとして①の価格に 30%プラス
③ 米ドル換算の場合、１ドル 120 円として計算

ステップ２ 仮の原価から、売価を決める

④ 未来（未知の商品）の場合は仮の原価の５倍
⑤ 過去（安く仕入れた既存商品）の場合は仮の原価の 10 倍

例　価格 10 ドルの商品の場合
① 10 ドル
② 13 ドル（10 ドル× 1.3）
③ 1,560 円（13 ドル× 120 円）
④ 7,800 円（1,560 円× 5）
⑤ 15,600 円（1,560 円× 10）

13

国内展示会は最大のセールスの場

未知の商品を輸入したときに、どうやって売ればいいのでしょうか？

心配する必要はありません。日本には優れた販売のプロたちが大勢います。この人たちに売ってもらえばいいのです。

そのためにも、国内で定期的に開かれる展示会に出展します。

「展示会って大手メーカーが出展するものですよね！」と思われる人も多いでしょう。

たしかに、たくさんの大手メーカーが出展します。国際的なブランドも出展します。しかし、その中に個人事業主のブースがいくつもあるのです。

つまり、**展示会では、企業規模に関係なく、出展者という立場であれば平等**です。ですから、自分たちのブランドを世に問うためには、これほど条件のいい場所はありません。

価値ある商品を探しに全国から何万人もの販売のプロがやってきます。さらに、一流ブランドと肩を並べて出展できるのですから。

もちろん、あなたが輸入した商品が適正な商品であることが条件にはなります。適正な商品とは、日本の法律や規制に則っていると判断された商品を指します。

コスト的には、出展料、展示の飾りつけなどに、ざっと70万円から80万円は見ておかなければなりません。

では、費用対効果を見てみましょう。3日間の会期中に100社見込み客がきたとします。すると、1社あたりのコストは8000円です。今後、10年、20年と続く取引関係が築けるかもしれない出会いの費用として、これでも高いとお考えでしょうか。

●招待状の発送

誰にきて欲しいのかを考え、相手先に招待状をお送りします。初回はリストづくりが難しいかもしれませんが、回を重ねるたびに前回の名刺などから精度の高いリストができあがっていくはずです。

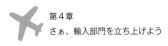

この招待状にも工夫が必要です。

「いついつの展示会に出ますので、きてください」では、あなたのブースに立ち寄るかどうかわかりません。もっとあなたのところを目指してきてくれるように工夫していくのです。

私の場合は、次の3つがかなり有効でした。

・あけないと損をします（封筒の裏に大きく印刷しました）
・10％引きになるチケット在中
・サンプル引換券在中

これで、気になってくれた見込み客が、ブースに立ち寄ってくれる確率は上昇しました。
もちろん、ブースにどういうものが置かれているのかも、立ち寄りたくなるように表現して書いておきます。

できるだけ文章で表現しておくのがいいでしょう。商品の写真や図は、見ただけで判断されてしまう危険があるので、あえて入れません。

●カタログは配らない

カタログは簡易なものでかまいません。印刷も安くできる時代になりました。ただ、基本的には会場では配布しません。「あとでお送りします」とします。

もし、カタログをくださいと言われたときにすぐ渡したら、「検討しておきます」と言ってさっと帰ってしまいます。それではダメなのです。

次に接触する機会が必要です。**カタログは渡さず、次の機会で提供する**のです。

「カタログは？」

「あるのですが、今回、新製品を展示していますので、間に合いませんでした。お送りいたしましょうか」

「じゃ、お願いします」

「では、お名刺をいただけますか。ついでにちょっとアンケートもお願いします」

こうして名刺をいただき、アンケート用紙に書き込んでもらいます。

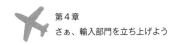

●アンケートを取る

会場で書いてもらうアンケートの項目はできるだけ少なくしてください。展示会にきた目的とか、これまで展示会にきたことがあるか、といったことを選択式に○をつけていただくのです。肝心なのは、「あなたは権限者か？」と確認することです。

そうは直接聞けませんので、「今後、新製品をご案内させていただくとき、どなたに連絡すればよろしいでしょうか」と質問します。

「私でいいです」と言われたら、その人が権限者。

そうであれば、「今商品だけでも決めてしまいませんか？」と営業に移るのです。

●即決の商談を準備せよ

展示会で商談ができると思っていない人も多いので、「ここで決めていただければ、いち早く納品できますよ」と案内することはとても大事です。

もちろん、「今日決めていただければ特別価格で」といった好条件を提示することもできます。

招待状につけた10％割引きのチケットは、即決を促す営業ツールでもあるのです。

こうして、**いきなりその場で注文をいただく**ことも、やり方次第でできてしまいます。

基本的には、相手も売れる商品発掘のためにきているのです。その場でかなりの確率で決まります。

展示会にくるバイヤーの気持ちになってみてください。

展示はある。説明もしてくれる。今買ってもいいと思っている。それなのに売ってくれない。こんなとき、どう感じるでしょうか？

これって不親切ではありませんか？　ただ単に名刺を集めることやカタログの配布を目標としてはいけません。展示会でも、売る態勢で臨み、即断即決で売るのです。

そのためには、受注書も用意しておきましょう。たまに、現品を持ち帰る人もいますので、領収書も必要です。

●印象に残る展示を

展示会は搬入1日、展示期間は3日間が多いので、その間、しっかり売り込みましょう。小さい会社が印象を残すために、やれることは可能な限りやることです。

展示会後に営業をかけるにしても、きちんと売り込んでおかないと、まったく印象に残りません。名刺だけ、アンケートだけいただいても、あとで電話したところで相手はピンとこないのです。だからできるだけ、**展示会で深く話をして、覚えてもらう**のです。

現実的に、その展示会に2800ものブースの出展があったら、そのうちお客様が覚えているのは、契約したところ、長く話をしたところぐらいでしょう。

すでにビジネスをされているあなたなら、このあたりについては、それぞれに技術や経験をお持ちでしょう。その能力を発揮してください。

●商談が成立したら

展示会でお客様から注文をいただいたら、海外メーカーに発注します。このときはメーカーへ前払いするのが原則です。ただし、全額を一括で払う必要はありません。前払いを全額の3割にするか4割にするか、先方と話し合って決めてください。

船積み後に残りを払います。

発注時に全額払ってしまってものがこないというケースは、相手が欧米のメーカーなら滅多にありませんが、アジアのメーカーでは皆無ではありません。欧米でも、違う商品がきてしまうといったトラブルはありえます。

こうしたイレギュラーな事態や予想外の事態の経験を積むことは不本意ですが、あなたをベテランの輸入ビジネスの専門家にしていくはずです。

ただし、ビジネスの継続が困難になるようなリスクは負わないように、くれぐれも慎重に、注意深く進めてください。

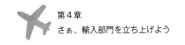

国内の展示会に出展する手順

（1） 展示会・見本市の開催情報を調べる

↓

（2） 主催者に展示会・見本市の情報を請求し検討

↓

（3） 出展コマ数を決めて申し込み

↓

（4） 申し込み受諾通知を受け取る

↓

（5） 出展者説明会などに参加。スペース決定

↓

（6） ブースの内装・商品レイアウトを検討・決定

↓

（7） 招待客リストをつくる

↓

（8） 招待状を発送

↓

（9） 期日が迫ってきたら電話、メールで集客

↓

（10） 展示会の搬入日に設置、搬入

日本国内の展示会の例

主催者	名称など
ビジネスガイド社	東京インターナショナル・ギフト・ショー (春・秋2回開催) 大阪インターナショナル・ギフト・ショー (春・秋2回開催) 福岡インターナショナル・ギフト・ショー (年1回開催) 東京インターナショナル プレミアム・インセンティブショー(春・秋2回開催) グルメ＆ダイニングスタイルショー (春・秋2回開催) 東京インターナショナル プレミアムビューティー・ヘルスショー(年1回開催)
日本能率協会	国際ホテル・レストラン・ショー FOODEX JAPAN
リード エグジビション ジャパン	国際宝飾展 国際 ファッション ワールド 国際 雑貨 EXPO 美容・健康食品 EXPO

主催者の情報よりほんの一部を抜粋したものです。主な会場は幕張メッセ、東京ビッグサイト、大阪マーチャンダイズマート、マリンメッセ福岡など。この他省庁、自治体、業界団体主催のものを含め多数ありますが、効率がいいのは大規模な会場のものでしょう。展示会の情報は、ジェトロ（https://www.jetro.go.jp/j-messe/）でも検索できます。

輸入ビジネスの実践者たち④

独占販売権を持つ強み。メーカーや大使館も営業を後押し

◎リカトレーディングビューロー合同会社　石原りか子さん（http://rika-trading.com/）

リカトレーディングビューロー合同会社（愛知県名古屋市）の石原りか子さんは、フィンランドのメーカーの総代理店として輸入ビジネスを展開しています。大手百貨店などに卸し、大使館も応援してくれるなど、独占販売権を持つ強みを発揮しています。

――輸入ビジネスはいつから？

輸入ビジネスを志して4年、法人化して3年になります。

現在はフィンランドのタオルメーカーの製品の総代理店として、百貨店などで販売をしています。サウナ発祥の地、フィンランドならではのタオルウェアをメインとするブランド「ルインスパ」（Luin Spa）と、同社が2018年からはじめた「ルインリビング」（Luin Living）を扱っています。

それまで実家のアパレルの会社で、システムエンジニアや経理を20年間やっていました。今実家はアパレル事業はやっていませんが、経理などは引き続きやりながら、輸入ビジネスをやっています。

——最初、不安はありませんでしたか？

留学したこともなければ、ビジネスのための語学力を専門的に高めてきたわけでもありませんでしたし、自分でビジネスをやるにも人脈も何もゼロの状態でした。

私自身、50歳を目前にゼロから起業することにも不安はありました。

——やってみたら、不安は解消されましたか？

同じ輸入ビジネスの仲間のおかげで孤独にならず、地道にコツコツと積み重ねることができました。時間と労力はかかったと思いますが……。

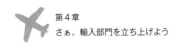

英語は、海外旅行、ボランティア活動などで会話ぐらいは経験していたものの、ビジネス英語ではなく、フレンドリーな英語しかできません。でも、それがかえって海外メーカーさんと親しくなることにつながったのは意外でした。

——ビジネス面で苦労を感じることは？

苦労というよりも、輸入ビジネスとしてメーカーの立場になることで、商品に責任を持つことが最初はとても重荷に感じました。販売してお客様に満足していただくまでが不安だったのです。最近、ようやく「ビジネスをしている」と自信を持って言えるようになってきました。

それに加えて、時間管理、健康管理、さらにお金の管理はしっかりやらないといけないですね。

――メーカーとの関係は？

メーカーさんは欧州の展示会に参加されていますが、そこに日本の小売店や卸売店のバイヤーさんが立ち寄ると、メーカーさんが私の会社から買うように指示してくれます。

メーカーさんは日本人の名刺を入手するとすぐに私に連絡をくれるので、日本にいながら営業をすることができます。とてもいい関係ができています。

またフィンランド大使館を通じて展示会に参加させてもらうなど、国をあげてサポートをしてくれます。私もフィンランドのさまざまな方や北欧の方とのつながりが広がっています。とてもありがたいです。

――大手百貨店などと取引されて、季節ごとに催事などもされていますね？

百貨店では全国の高島屋、阪急百貨店、三越伊勢丹、西武百貨店と取引させていただき、高島屋のギフトカタログにも今後は掲載される予定です。ネットでは楽天ファッションなどでも扱っていただいています。

――今後、さらに拡大しそうですね？

百貨店取引に加えて、小売店、エステサロン、ホテルなどへの営業をし、さらに新しい商品も見つけてビジネスを進めていこうと計画しています。

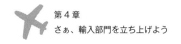

第5章

輸入部門を永続的に続けるには

1 定期的に展示会に参加する

お客様に個別に頻繁に営業することができればいいのですが、今の時代、アポイントを取るのも大変です。

少人数ではじめる場合、訪問できるタイミングもあまり多くないでしょう。まして、これまでのビジネスもしっかり継続していくとなると、輸入ビジネスに割ける時間は限られます。

私の会社は以前、会津若松にありましたので、頻繁に東京や大阪へ行くわけにもいきませんでした。そこで私は、**定期的に展示会に出展し、案内をそのたびに送る**ようにしていました。すると常連になってくれるお客様がだんだん増えていき、そのお客様が別のお客様を連れてきてくれることもありました。

地方の小売店のオーナーさんたちも、東京で開かれる展示会には数多くのブースが出ていることから参加しやすいので、案内状を出して立ち寄っていただきましょう。

リピーター向けの案内状には工夫が必要です。セールスレターを3、4枚添えます。とにかく、展示会にきたら「最初に寄ってください」とお願いします。例えば、「お荷物を預かります」と案内するのです。

展示会は会場が開いてすぐはあまりお客様がこないのですが、お荷物を預かることで、真っ先にきていただけます。荷物を預かっておけば、帰りにも寄っていただけます。つまり、最低限、2回はお話ができるのです。

「毎年、春と秋に出ています」と案内できれば、お客様も安心します。

年2回がムリでも、毎年1回、あるいは2年に1回と、決まった周期で必ず同じ展示会に出展します。

出したり出さなかったりはしない。そうすることでお客様が「今度は何を展示しているのか」「どんな話が聞けるのか」とワクワクしながら訪ねてきてくれるようになります。

このような中長期の関係を前提に築いていくのです。

規模が小さくても、信頼を築くことで、お客様にとっては「必ず立ち寄りたいブース」へと育っていくのです。

定期的に国内の展示会に出てお客様に会うことはフォローだけではなく、新しいお客様との出会いを常に求めていかなければならないからです。

努力したとしても、お客様は自然に毎年2割くらい減っていくものです。ですから、毎回、展示会で新しいお客様を開拓しましょう。

展示会に一度だけ出展したぐらいで、あなたのことやその商品の魅力を十分に伝えることはできないと思っておきましょう。

展示会にやってくるお客様の数は膨大ですので、数年同じ商品を出していても、そのお客様にとっては「はじめて見た」となることも多いのです。買いつけにきた人たちも担当者が変われば、以前は無視されていた商品に目が向くこともあります。

「ぜんぜん気づかなかった！　これ、いいですね！」と何回目かの展示会でようやく見つけてくれるお客様もいます。

「前回も出していましたよね」と声をかけていただくこともあります。

「去年、寄ろうと思ったけど、寄れなかった！」という声も多数聞かれます。

展示会を見ると、同じ商品を何年も出しているブースはかなり多いのですが、それは、いつも出展して同じ商品をアピールし続けることで、はじめて認めてくれるお客様もいるからなのです。「毎回、出ていますね」と知られるようになれば、それもブランディングにつながります。


出展をはじめて2年後に、はじめて購入してくれた、といった話もよく耳にします。

つまり、同じ商品を出しているということは、それなりに売れている証明となりますし、私たちが継続的に事業をしていることを知っていただけるので、信用にもつながります。

継続することで、販売のチャンスも増えていくのです。

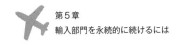

2 新商品を提供する

先ほど数年同じ商品を出してもいいとは言いましたが、できるだけ新商品を供給するに越したことはありません。

どんな商品にもライフサイクルがあります。1つの商品には寿命があります。最初の年は売れても翌年は売れないかもしれないのですから、常に新しい商品の発掘をしていく気持ちが大切です。

新商品を定期的に提供する場合、例えば春に欧州へ行って見つけた商品を、秋の日本の展示会に出展するのが理想です。

しかし、そう計画したとしても、メーカー側の都合もありますから、実際には、私たちの思うようなスケジュールでは進まないこともあります。そもそも、「すぐ送ります」と言っていたサンプルが、なかなか届かないことも珍しくありません。

だから、**常に2、3社のメーカーと交渉してサンプルを送ってもらうようにし、日本の展示会にタイミングが合う商品から展示していく**のです。

「たった今、到着した新商品です」と案内することで、きていただいたお客様にも喜んでいただけます。

輸入ビジネスのサイクルが回りはじめると、毎回、ゼロからの発掘ではなくなります。同じメーカーの新商品はもちろんですし、海外の展示会で知り合った人たちからの紹介や口コミなども生じてきます。

さらに、営業熱心な大使館など貿易関係の人たちからの誘いもあります。

「基本的には、こういうお客様が買ってくれるのではないか」とターゲットを想定しながら、海外からサンプルを持ってくるのですが、展示会に出すことにより、思いがけないお客様からオファーがくることがあります。

「おもしろい商品ですね。これって、こういう使い方、できませんか？」とか。「ここにポケットをつけてくれたら、魚釣りでも使えるのにね」とか。

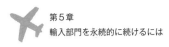

「そういうニーズがあったのか！」と、驚くようなことがよく起こります。

私の場合も、産婦人科から引き合いがあったり、映画の製作会社や芸能プロからのオーダーに驚いたこともあるのです。

展示会には、想像もしなかったお客様との出会いがあります。それは、まるで、新しい市場が向こうからやってくるようなものです。

この新しい市場が、私たちにヒントをたくさんくれます。

たくさんの学びが、次に海外へ行ったとき、商品を見るときの観点に加わります。それが毎回積み重なっていくことで、あなたは輸入ビジネスの幅を広げていくことができます。

まさに継続は力なのです。

3 個人転売との決定的違い

Ｂ to Ｃには楽しみもあればおもしろさもあるのでしょうが、顧客対応、営業、ネットの更新、ＳＮＳ対応、さらに商品の梱包・発送、在庫管理と、毎日毎日、膨大な作業に追われてしまい負担になってきます。

自社のサイトではなく、アマゾンなど大手ＥＣに出店して個人で販売する仕組みもよく知られています。そして、そのやり方を懇切丁寧に教えてくれる人たちもいます。ただ、これは同じ輸入に付随するビジネスでも、私が推奨する輸入ビジネスとはまったく違うものです。

・他社がつくったＥＣプラットフォームを使う
・価格の決まっている商品を扱う

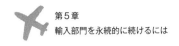

この2つの点で、ここまで学んでこられたあなたならすでにおわかりのように、他人の仕組みでビジネスをすることになってしまいます。これでは、**最初から利益がほとんど残らない構造にある**ことは明らかでしょう。

大手ECは、自分たちにとって不都合なアカウントはすぐに停止することもあり、いつビジネスが途切れてしまうかわかりません。こちらの努力では超えられない壁が最初からあるのです。

どれだけ大手ECに貢献しても、例外は許されず、何かあればすぐバッサリと切られます。彼らからすれば、面倒な対応をするより、あっさり切るのが一番簡単だからです。あなたは、世界中に何万とある業者の1つにすぎないからです。

さらに恐ろしいのは、あなたが儲けていることを大手ECが察知したとき。「これは儲かる！」と大手ECが直接サプライヤーと取引をはじめてしまうことです。昨日の友が今日の敵になってしまうのです。

消費者からすれば、「よくわからない個人商店から買うより、大手ECから買ったほうがいい」ですから、すぐに乗り換えられてしまいます。そうすれば、たちまち、あなたの売り上げは減少していくことでしょう。

おまけに、販売価格は自由にならず、大手ＥＣにも手数料を払うので、利益率がとても低くなってしまい、「働けど働けど」な状態に陥りやすい。

だからこそ、輸入ビジネスの王道であるＢ to Ｂでやるのです。輸入ビジネスはしっかりした土台の上に立つビジネスとして取り組む価値があります。

Ｂ to Ｂとして自分の仕組みでビジネスをしていくとき、必ずやっておかなければならないことがあります。それは**メーカーの責任者と必ず直接会う**ことです。これがとても重要なのです。

確かにインターネットの普及によって、遠隔地とも簡単にリアルタイムでやりとりができてしまいます。ＥＣでの販売活動なら、誰にも会うことなく進めることができます。

ですが、こういう時代だからこそ、必ず会うことを実践していただきたいのです。

なぜなら、これから10年、20年と長く取引を続ける関係を築くのが前提だからです。パートナーシップを強固に築きたいのです。

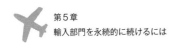

どんな顔をした社長が、どんなところで製品をつくっているのか。どんな考え、コンセプトを持っているのか。必ず会ってご自分の目で確かめてください。

販売店に対しても同じです。この商品を消費者に届けてくれるのは販売店ですから、どのような人が経営し、どのように販売しているのかを知らないで取引をすることはありえません。

私も何度も何度も痛い目に遭ってきましたので、せめてご縁があったあなたには、慎重の上にも慎重に取引をして欲しいと心から願っています。

そして、**できるだけトップと会う**ことを心がけてください。順調なときは、会わなくてもうまくいくでしょう。でも、何か起きたときのことを考えてください。不良品が出たとか、クレームが出たといったときに、どう対応するのかは、重要なポイントになります。

何かトラブルがあったときに、トップに会っているかいないかで、自ずと対応に差が出てしまうことでしょう。頻繁に会うことのできない相手だからこそ、きちんと一度は会って話をしましょう。

4 ビジネスの秘訣は諦めず長く続けること

野球の打率で3割ならトップの成績です。商品発掘もそれくらいの打率で十分に成功できます。

10個のうち3つ売れれば、大成功と言えます。大切なことは、打席に立ち続けることです。「絶対にホームランを打つ」と宣言して打席に立ち、打てなかったら、次のチャンスがないとすれば、その人には二度とホームランを打つチャンスはきません。

あなたもくれぐれも「一発当てる」ために、1回だけ輸入ビジネスを試そうと多大な資金を投じたりしないようにしてください。それよりも少ない資金、少人数ではじめて打席に立ち続けることを目標にしてください。

少人数で対応するためには、1つメインのメーカーを見つけ、他に2社ぐらいのメーカーを保険として常に用意できていれば理想的です。それ以上に増やすと、営業面も管理面も難しくなっていきます。いたずらにメーカーを増やしても、対応できなくなるため結果的に売上増にはつながらないのです。

ヒットを出したい、ホームランを打ちたいと、たくさんのメーカーと交渉したとしても、自分の資本や時間のキャパシティーを超えてしまうことも多いものです。

もちろん思惑がはずれ、まったく売れない、いい反応が得られないこともあります。

商品があまりにも進みすぎていると、日本市場にはまだ早すぎたということも起こりえます。

ですが、その場合でも、あなたは最初の100万円（渡航費用、サンプル費用、日本での展示会出展費用）と自分の時間を失っただけです。あとから、ローンの返済だの、責任問題だのがのしかかってくるわけではありません。

「今回はダメだった。じゃあ、次はうまくやろう」と言えるはずです。

売れても売れなくても、せっかくの縁なのですから、海外のメーカーにも日本の販売店にも定期的に連絡を取ってください。

「あれは難しかったですね。次はきっといい結果が出るようにがんばります」と、取引の継続を前提に営業活動をしていきましょう。

商売は信用が大事ですが、その信用を感じていただくためには、継続していくことが大事なのです。「商いは飽きない」と言われるように、実直に続けていく姿勢が評価される世界です。おまけに、輸入ビジネスは、飽きない商いです。おもしろいことがいろいろとあるので、飽きることなく続けられるはずです。

そして、このビジネスの継続のための経費は毎年ほとんど変わりません。商品点数が増えれば、ブースを大きくする、こちらの要員を増やすといったことも将来は考えられるでしょう。それだけ経費は上昇しますが、そのときは、そもそも売り上げが大きくなっているはずです。成長しているのです。

机の上でパソコン相手にビジネスをしていたのでは、こうした成長はなかなか体験できないのではないでしょうか？

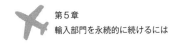

5 既存の顧客を考えた商品探し

はじめて輸入ビジネスをしようというときにはちょっと考えられないかもしれませんが、まったく不可能ではないのがオリジナルベースの開発輸入という手法です。

あなたが**「こういうものを売りたい」と思っている商品を、海外メーカーにオリジナルでつくってもらう**のです。つまり、自主企画商品です。あなたの会社で今販売しているものに加えて、「当社オリジナルの商品」を開発するのです。

オリジナル商品のいいところは、競合がないので安売り競争に巻き込まれる可能性が低く、ブランドイメージをつくりやすいことです。もちろん、いくらで売るかは、あなたの考え次第。好きな価格をつけられます。

さらに「開発もやっているのか」と、あなたの会社のパワー、ユニークさをアピールすることもできます。

もちろん、いいことばかりではありません。場合によっては、開発にかかる初期費用の負担を求められることがあります。例えば、プラスチック製品の場合、新たに金型をつくることになるので、その費用を請求されるかもしれません。

また、この場合は合意が成立したあと、ある程度のボリュームで購入することが求められるでしょう。そのため、それを売りきる営業力も必要になります。

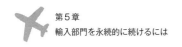

実は、最近、日本のメーカーの人たちも私の輸入ビジネスセミナーにやってきます。これから売り上げを増やすには、自社で新製品を開発するか、これまでの製品をさらにたくさんつくって売るか。いずれにせよ、開発費、製造ラインなどの設備投資費用がかかります。さらに環境にも配慮しなければなりません。そうしたことを考えると、設備を持たずに商品の幅を広げられるとして、輸入ビジネスに注目するのは当然のことでしょう。

ＯＥＭのように、自社ブランドとして販売することも可能です。小売業なら、プライベート・ブランドのように販売することもできます。

私の経験として、大手のブランドから「こういう商品はつくれませんか」と、設計図を持ってきて依頼されたこともありました。

そのときは、さっそく友好的な海外メーカー数社に声をかけ、見積もりを取り、サンプルをつくってもらい、その中で一番条件のいいところで製作し納品したのです。

海外メーカーも大喜びです。「日本の大手ブランドの商品をつくった」という実績になるからです。

これまでは単なる輸入だけでしたが、メーカーにとっても格が上がる仕事を取り次ぐことができ、パートナーとしての関係性が深まりました。

開発まではいかなくても、すでにあなたに顧客がいるなら、その顧客の欲しいものに特化して商品を発掘してくるのも有効です。

身近な例で言えば、美容院などでお客様向けに他では手に入らないシャンプーなどを用意していますが、発想としては同じです。

もしあなたがスクールを展開しているなど、多くの会員や生徒を抱えている会社であれば、その会員や生徒向けに商品を輸入して販売することができるでしょう。

日頃、お客様の声を聞いているあなたのことですから、「こうなればいい」「ああいうのはないか」といった意見を参考にして、商品を探すこともできるのではないでしょうか。

こういったことをすることによって副次的効果もあるのです。例えば、次の3つはその代表的なものでしょう。

・自分たちの欲しいものを提供してくれるいい会社、というイメージ
・自分たちのニーズをちゃんと聞いてくれる姿勢への評価
・顧客のために努力してくれる、という信頼感

お客様に対して、定期的にニーズ確認をし、注文を受けてから海外メーカーに発注するなどすれば、ロスもほとんどなく、しっかりと利益につながるはずです。

「他では手に入らないものが買える」わけですから、お客様のあなたの会社へのロイヤリティも高まることでしょう。特別な会社だ、と位置づけてもらえるかもしれません。

その結果、口コミなどによってお客様の数が増えていくことも考えられます。

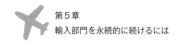

輸入ビジネスの実践者たち⑤

北海道に居ながら全国展開。メーカーからの信頼も厚い

◎ハナエミグローバル合同会社　代表 保住智絵さん（http://hanaemiglobal.jp/）

ハナエミグローバル合同会社（北海道帯広市）の代表・保住智絵さんは、3人のお子さんを育てながら、ユニークなキッチン用品などの輸入ビジネスに取り組んでいます。

――展示会でとてもすばらしい出会いがあったそうですね

2018年に海外展示会「メゾン・エ・オブジェ」（パリ）でスイスのメーカーであるBetty Bossi（ベティ・ボッシ）と出会って、独占販売権を得ました。ビジネスパートナーとして信頼関係を築くことができ、ベティ・ボッシの国際部門の人たちと「これから日本市場を大きくしていこう」と話をしています。

2019年にはベティ・ボッシの各国代理店の集まるワークショップがあり、そこで日本の代理店として紹介していただきました。

スイスが本社ですので、北海道と気候なども似ていて親近感があります。

――どのような商品なのですか?

マヨネーズを簡単につくれる器具や、ハッシュドポテトメーカーやスライサーなどのキッチン用品が中心です。便利な上、安全に調理ができるので、お子さんと一緒に料理ができて家庭が楽しくなります。

――はじめるときは不安もあったのでは?

英語の面で意思疎通がとれるのか、と少し不安でしたが、問題ありませんでした。こちらは買い手だからでしょうが、「そんなの気にしなくていいよ」とメーカーさんが言ってくれることが多かったのです。

仕入れは通関業者さんに任せたので問題もなくスムーズでした。

――販売面も順調そうですね

問屋を通してヨドバシカメラ、ビックカメラに商品を置いてもらっています。

帯広に住んでいるので、何かと不便ではないかと思われるかもしれませんが、まったく問題ありません。問屋さん、小売店のバイヤーさん側が「次にこちらにくるときに連絡をください」と言ってくださって、私の予定に合わせて商談をしていただきました。

ただ、やってみて難しかったのは海外メーカーとの契約でした。かつて貿易実務を経験したことがあったのですが、契約については経験がありませんでしたから。

——テレビショッピングも予定されているとか？

ベティ・ボッシの製品はキッチン用品ということもあって、テレビショッピングなどへの展開も可能性があります。そこに卸す問屋さんがとても乗り気なので、タイミングを見ているところです。

小売店もロフト、東急ハンズなどでの販売を目指しています。また、地元の北海道のお客様も開拓していく予定です。

※ Betty Bossi（https://www.bettybossi.jp/ja）

第6章

輸入部門の実務はカンタン！

1 契約は表と裏がある

あなたの立ち上げた輸入部門は、今後、永続的にやりたいだけ続けていくことのできるビジネスとなります。そこで、輸入部門でやることになる主な実務部分をピックアップしてみましょう。最初は戸惑うこともあるでしょうが、あなたが今思っている以上に簡単に何年でも続けていけるはずです。

輸入業務にあたり、相手と契約を結ぶことになります。紳士協定を重んじる欧州の人たちも、基本的な契約書を交わすことになるでしょうし、大手企業やアメリカ式に厳密に契約書を交わすことを前提としているメーカーもあります。そして商品発注時に契約によって、お互いの責任や発注の詳細を確認することになります。

契約業務に慣れている人はともかく、海外のメーカーとの契約はハードルが高いと感じている人はとても多いようです。ですが、契約は世界中で日々行われている「形式」ですから、コツを知ってしまえばそれほど面倒なことはありません。

契約書は通常、表と裏があります。表は「表面約款《ひょうめんやっかん》」、裏は「裏面約款《りめんやっかん》」と呼ばれており、この両方を合わせて「取引約款」と呼ぶこともあります。紙の裏表のイメージです。

表面は今回の取引（1回の仕入れ）ついての詳細が記されています。一方、裏面は「一般取引条項」とも呼ばれ、その企業が求めている通常の取引での共通する約束ごとが記されています。

契約の通常の流れとしては、表面約款をまず決めます。商品の名称、数量、単価、納期、貿易条件などをお互いに納得するところで決めていきます。

そして次に裏面約款、つまり「一般取引条項」に取りかかります。表裏同時に決めることもありますが、裏面はおいおい詰めていくことのほうが多いのです。

裏面は、取引のたびに変わるわけではない重要な取り決めになります。独占販売権も含まれます。その他納期が遅れたときのペナルティであるとか、もし裁判となったときどちらの国でやるか、といったことが細かく決められます。

これだけ重要な契約書なのですが、契約書は当事者のどちらが作成しても構わないことになっています。メーカーから自分たちのスタンダードな契約書を提示してくることもありますが、こちらから契約書を相手に提示してもいいのです。

対等な立場で契約するのですから、**メーカーが「これにサインを」と寄こしてきた契約書を丸呑みして安易に気軽にサインをしてはいけません。**あなたも当事者として、内容をチェックし、気に入らないものは削除してもらうか修正を依頼することになります。

あとから「見ていなかった!」「知らなかった!」は通用しません。今後、長期にわたってビジネスをしていくパートナーとの契約なのですから、重要なところはしっかり確認していきましょう。

契約書にはいくつかの項目が並んでいますが、慣れてしまえば簡単です。

この契約書にあなたがサインをして相手メーカーに送ると、発注したことになります。折り返し、メーカーからは見積書(プロフォーマインボイス:Proforma Invoice)が届きます。

● 契約書の表面に記載する主な項目

① Article ……品目

品名が多い場合は、別途、注文書を添付します。このとき契約書にはAs per the attached Order Sheet.（添付の注文書通り）と記載します。その場合、契約書の③④⑤の場所にもAs per the attached Order Sheet. と記入します。

② Quality……品質条件

輸入時には必ずサンプルを入手してから契約しましょう。

契約書には、As per the samples submitted.（提出されたサンプル通り）と記載します。

③ Quantity……数量

国際的取引で定められた単位で表記します。

数量の単位例：

個、本 (PIECE =PC)

台（SET）

ダース（DOZEN=DZ）

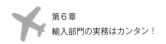

組（UNIT）

長さ（METER=M）または（YARD）

重さ（METTRIC TON=KILO TON=MT）または（KILO GRAM=KG）または（POUND=lb）

④ Price……価格

合意した価格。円建てで合意したときは円単位、米ドル建てで合意したときは米ドル単位。

⑤ Total Amount……総額

⑥ Trade Terms……貿易条件

貿易条件は「これだけは知っておきたい輸入ルール」（２５５ページ）を参照。地名も明記。

⑦ Payment……支払い条件

支払いをいつどれだけするか。前金を30％、残金を船積み後、などと明記。

電信送金＝T/T

普通送金＝M/T

送金小切手＝D/D

船荷証券＝ B/L

⑧Time of Shipment……船積み日

発送日。納期をよく確認しましょう。

⑨Destination……仕向け地

商品の到着場所。

例：Tokyo,Japan（日本の東京で受け取る）

⑩Shipping Marks……荷印

通関時に貨物を特定し、船積書類と照らし合わせるためのマークです。こちらからメーカーに提示しましょう。

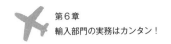

表面約款の契約書のサンプル

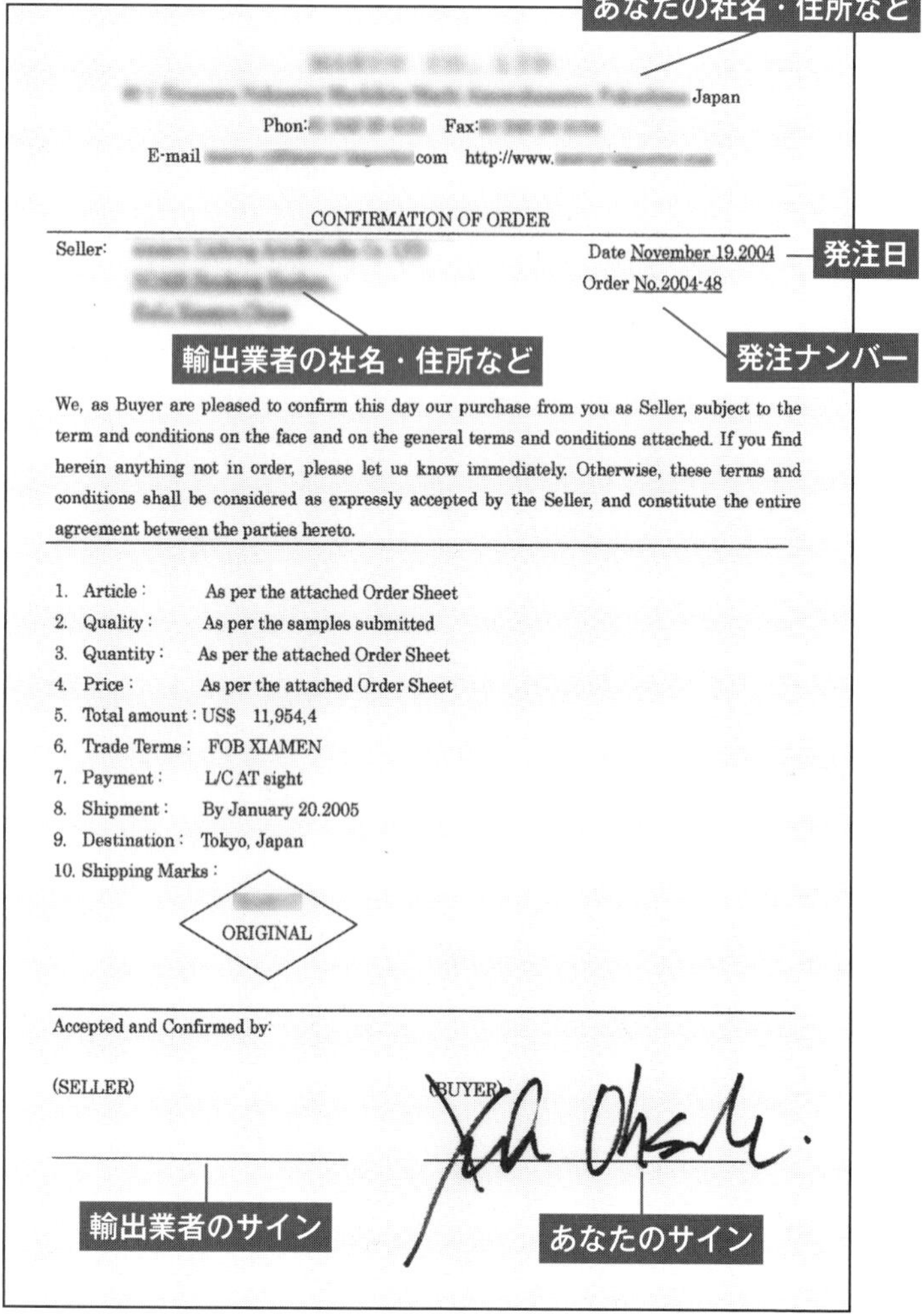

Japan

Phon: Fax:

E-mail com http://www.

CONFIRMATION OF ORDER

Seller:

Date November 19.2004

Order No.2004-48

We, as Buyer are pleased to confirm this day our purchase from you as Seller, subject to the term and conditions on the face and on the general terms and conditions attached. If you find herein anything not in order, please let us know immediately. Otherwise, these terms and conditions shall be considered as expressly accepted by the Seller, and constitute the entire agreement between the parties hereto.

1. Article : As per the attached Order Sheet
2. Quality : As per the samples submitted
3. Quantity : As per the attached Order Sheet
4. Price : As per the attached Order Sheet
5. Total amount : US$ 11,954,4
6. Trade Terms : FOB XIAMEN
7. Payment : L/C AT sight
8. Shipment : By January 20.2005
9. Destination : Tokyo, Japan
10. Shipping Marks :

ORIGINAL

Accepted and Confirmed by:

(SELLER)

(BUYER)

●契約書の裏面に記載する重要ポイント

契約書はメーカー側も自分たちの一般的な取引用のものがあるとは思いますが、裏面約款については、こちら側の要望も盛り込んでいく必要があります。

とくに、輸出者であるメーカー側の裏面約款で抜けていることが多いのは次の項目です。

①価格に関する調整禁止（NO ADJUSTMENT）
②船積期間の厳守（SHIPMENT）
③契約不履行の場合の輸出者責任（DEFAULT）

①は、契約締結後に輸出メーカー側の事情で価格を変更することを禁止する条項です。材料費の高騰、人件費の高騰などを理由として急に値上げを求められることを避けるためには不可欠です。
②は、あなたが国内の卸先に約束した納期に確実に間に合わせるために不可欠です。表面約款で決めた船積期間を、輸出側の事情で守らなかった場合は、取引先との納期の関係でこの契約そのものが成り立たなくなることもあります。そこで契約は自動的に破棄し損

害賠償を請求する権利を明記しておく必要があります。
③は、輸出者側の責任を明確にしておくことで、万が一のときのあなたの損害を最小限に食い止めるために必要です。
契約不履行時の責任の所在をはっきりさせておきましょう。品質や取引条件など、契約書に反する行為があったり、契約続行が難しくなった場合の責任の所在です。すべてを輸出者責任とするのか（輸入者側主張）、不可抗力の場合は免除（輸出者側主張）するのかを記載します。
なお、ここで不可抗力時に免除となった項目は国内向けの取引をするときにも、免責事項にしておかないと、あなたがすべての責任を被る恐れがあります。

私の経験でも、輸入ビジネスでトラブルになる点は、品質、価格、納期です。サンプルと品質が明らかに違うときにどうするか。急に価格を変えたいと言ってきたときにどうするか。納期が遅れるときにどうするか。これを、契約時に取り決めておきたいのです。

●準拠法と裁判管轄

さらに、注意したいのは、準拠法及び裁判管轄です。

契約違反で契約続行が難しく争いとなり、裁判になったときに、どの国の法律、どこの裁判所で争うかは重要です。あなたとしては、日本の法律に基づいて日本で裁判を行うことを記載しておきましょう。これを書いておかないと、相手国の法律で裁くことになるので、あなたにとっては不利な結果が出る可能性も考えられます。

私も輸入ビジネスをはじめた頃には、思いがけないトラブルもあり、「契約と違う！」と訴訟して争うべきだと考えたこともありましたが、契約書に相手国での裁判が明記されていたので諦めるしかなかったことがあります。相手国の法律知識に詳しい弁護士を雇って、相手国で裁判をするとなると、どの程度の手間と費用がかかるのか、想像もつかないことでしょう。

相手が倒産などをした場合には、いくら裏面約款に詳しく責任について記しても、どうにもならないこともありますが、契約書は証拠として残るものですので、できる限りの対応はしておきたいものです。

輸入契約書の裏面の一般取引条項の内容例（英文）

General Terms and Conditions

We, as buyer, are pleased to conform this day our purchase from you, as Seller, subject to all of the TERMS AND CONDITIONS ON THE FACE AND RESERVE SIDE HEREOF. If you find herein anything not in order, please let us know immediately. Otherwise, these terms and conditions shall be considered as expressly accepted by you, and constitute the ENTIRE AGREEMENT between the parties hereto.

一般取引条項

「この契約書は、輸入者と輸出者の完全な合意を基に成立している。たとえ事前にこれと違うことに合意もしくは約束等があったとしても、これに書かれていること以外のことは無効となる。もし合意に達していない条項等があれば、この契約の締結前に連絡すること。連絡がない場合は、双方ともこの契約に同意したものとする」

この条項は、この契約書に書かれていることが絶対的なものだということを示しています。日本の契約書にありがちな曖昧な「円満解決条項」や「別途協議条項」とはまったく相いれない欧米諸国の標準的な考え方ですので注意が必要です。

1. NO ADJUSTMENT

The price described on the face hereof shall be firm and final and shall not be subject to any adjustment as a result of a change in Seller's cost which may occur due to a

change in material or labour costs or in freight rate(s) or insurance premium(s) or any increase in tax(es) or duty(ies) or imposition of any new tax(es) or
duty(ies).

1. 調節禁止

「この契約書に定められた商品の価格は、契約締結後たとえいかなる事情、例えば材料費、労賃、船賃、保険料、税金等の高騰があろうとも変えることはできない」

前述したようにこの条項は輸入者にとってもっとも重要な条項の1つです。必ず盛り込むべき条項です。採算に直接関わる生命線とも言えるでしょう。後述する輸出者サイドのIncreased Costsと比べるとお互いの立場がはっきりするでしょう。

2. CHARGES

All customs duties, taxes, fees, banking charges and other charges incurred on the Goods, containers and/or documents arising in the countries of shipment and/or origin shall be borne by Seller.

2. 儲掛

「輸出国で発生する、商品、コンテナ、または書類にかかる関税、税金、銀行諸費用は、輸出者の負担とする」

輸出者の費用負担を、はっきり明文化しておくものです。

3. SHIPMENT

Seller agrees to ship the goods described on the face of

this contract punctually within the period stipulated on the face of this contract. In the event Seller fails to make timely shipment of the Goods, Buyer may cancel this Contract and claim damages.

3. 船積み

「輸出者は、契約の商品を、この契約書に定められた期限内に出荷しなければならない。もし輸出者が期限どおりに出荷できない場合は、この契約を破棄し、被った損害の賠償請求ができる」

船積み遅れは、輸入者にとっては致命的にもなり得る大きな問題です。ですから輸入者にとって大きな救済手段と請求権を輸出者に認めてもらう必要があります。

4. CLAIM

Any claim by Buyer, except for latent defects, shall be made in writing as soon as reasonably practicable after arrival of the Goods at their final destination and unpacking and inspection thereof whether by Buyer or any customer of Buyer.Seller shall be responsible for latent defects of the Goods, notwithstanding inspection and acceptance of the Goods, provided that notice of claim shall be made within six(6) months after the Goods become available for inspection, whether by Buyer or any customer of Buyer.

4. クレーム

「輸入者は、欠陥がある場合は、ただちに発見できないような潜在的欠陥以外は、商品最終到着地着後、輸出者もしくは輸出者の顧客によって、梱包をほどかれてからできるだけ早い段階で文書をもって連絡した場合、損害の賠償を請求できるものとする」

輸出者サイドの作成したものは、貨物が届いてから何日以内（例は6カ月以内）などと規定されていることが多いです。

5. WARRANTY
Seller warrants that:
i) the Goods shall fully conform to the description of the Goods on the face hereof and any and all data and materials shown as the basis of this Contract, such as specifications, sample, pattern, drawing, etc.
ii) the Goods shall be of good quality, merchantable, be free of any encumbrance, and fit or suitable for the purpose(s) intended by Buyer or Buyer's customer(s).Such warranty shall not be deemed to have been waived by reason of inspection and/or acceptance of the Goods or by the payment thereof by Buyer.If Buyer should find any defect in the Goods and notify Seller of that fact, Buyer shall have the following option(s).
i) to require Seller to replace or repair the Goods at Seller's expense and risk.
ii) to reject the Goods.
iii) to cancel the whole or any part of this Contract at any time.
In either event, Buyer may require Seller to compensate any loss or damages suffered by Buyer or Buyer's customer(s) due to or arising from such defects.

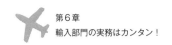

5. 保証

「輸出者は、輸入者が発注した商品が、この契約書の表面の商品詳細、契約にいたるまでのすべてのデータ、契約の基礎として合意された事柄、たとえば仕様、サンプル、柄、図案その他の要件に完全に合致し、ハイクオリティでかつ商品性があり、やっかいさがなく、輸入者もしくは輸入者の顧客の要求に合致している必要がある。しかも品質保証は、商品の検査や商品受領後などの理由によって、輸出者はその責任からまぬがれることはできない。もし輸入者が欠陥を発見した場合、次のような選択をすることができる。

① 輸出者負担で交換もしくは修理

② 受取拒否

③ いつでも全部もしくは一部の取り消しができる

万が一、前述のことが発生した場合、輸入者はその欠陥により輸入者もしくは輸入者の顧客が被った損害、損失を、輸出者にその補償を請求できるものとする」

これは、かなり輸出者には厳しい内容になっていますが、品質基準が日本に比べて低い国々との取引においては、不可欠な条項です。

6. FORCE MAJURE

Buyer shall not be liable for any delay or failure in taking delivery of all or any part of the Goods, or for any other default in performance of this Contract due to the occurrence if any event of force majure thereinafter referred to as “Force Majure” such as Act of God, war or armed conflict, or any other similar cause which seriously affects Buyer or any of his customers, directly or indirectly, connected with the purchase, resale, transportation, taking delivery of the Goods.

In any event of Force Majure, Buyer notify Seller in writing of such event(s) and Buyer may, in its sole discretion and upon notice to Seller, either terminate this Contract or any portion thereof affected by such event(s), or delay performance of this Contract in whole or in part for a reasonable time. If seller is unable to deliver the Goods in whole or in part as specified on the face of this Contract by similar reason(s) as above-mentioned, without Seller's fault, Seller shall immediately notify Buyer in writing of such delay with the reason thereof, and Buyer shall, if requested by Seller, agree to extend the time of shipment until such event(s) shall no longer prevent delivery by Seller. In the event, however, the above-mentioned event(s) cause a delay beyond thirty (30) days, Buyer may, in its sole discretion and upon written notice to Seller, terminate this Contract or portion thereof affected such event(s), and Seller shall reimburse to Buyer any amount of money paid by Buyer to Seller with respect to any undelivered portion of this Contract.

6. 不可抗力
「輸入者は、輸入者または商品の購入、転売、運送などに直接的、間接的に関係がある輸入者の顧客に相当の影響がある天災地変、戦争または武力闘争、あるいはその他の同様な理由などの不可抗力事由（以下不可抗力という）の発生によって生じる遅延や不履行に対しては、責任を負わないものとする。輸入者は、何らかの不可抗力とも言える事態が起きたときは、輸出者に文書で通知し、契約の全部もしくは一部を取り消すか、もしくは履行の延期をすることができる。前述と同様の事由で、輸出者の過失ではなく、契約書に沿った受け渡しができない場合は、その理由を付記して文書にて輸入者に連絡し、輸入者は輸出者が要求した場合は、その出来事が輸出者の受け渡しを阻害している間は、船積み延期に同意をする。ただし 30 日以上の遅延が発生する場合は、その契約を破棄できるものとし、輸出者は発生した損失、損害の補償をするものとする」

輸入者は、輸出者が不可抗力によって契約を履行できないことも想定して、国内の顧客との間にも、念のために不可抗力条項を結んでおく必要があります。

7. DEFAULT
If Seller fails to perform any provision of this Contract or any other contract with Buyer or commits a breach of any of the terms, conditions and warranties in this Contract or any other contract with Buyer, or if proceedings in bankruptcy or insolvency or similar proceedings are instituted by or against Seller, or if a trustee or a receiver for Seller is appointed, or if Seller goes into dissolution or liquidation or transfers a substantial part of its business or assets, Buyer may, by giving notice to Seller.
i) stop or suspend its performance of this Contract orany other contract with Seller.
ii) reject the shipment or taking delivery of the Goods.
iii) dispose of the Goods, if delivery has been taken for the account of Seller in such manner as Buyer deems appropriate and allocate the proceeds thereof to the satisfaction of any and all of the losses and damages caused by Seller's default,

and/or.
iv) cancel the whole or any part of this Contract or any other contract with Seller.
In any such event, Buyer may recover all losses and damages caused by Seller's default, including but not limited to, loss of profit which would have been obtained by Buyer from resale of the Goods and damages caused to any customer purchasing the Goods from Buyer.

7. 債務不履行
「輸出者が、この契約の不履行、契約の条件、保証に違反した時、破産、支払不能、もしくは輸出者が解散、清算に入ったり営業権譲渡または資産譲渡があった場合には、輸入者は文書をもって次の手段を取ることができるものとする。
① この契約あるいは輸出者とのすべての契約の履行を停止すること
② 商品の船積みあるいは引き取りの拒否
③ すでに引取っている商品を、輸入者サイドで輸出者サイドの勘定で売却し、輸出者の債務不履行で被った損害、損失補てんへの充当
④ この契約または輸出者とのその他のすべての契約の破棄
前述のどの場合でも、輸入者は、輸入者がこの商品を転売することによって得られるはずの利益（逸失利益）および輸入者から商品の購入を約束していた顧客が被る損失を含み、それだけに限定されることなく、輸入者が被りうるすべての損失を請求できる」

この条項があっても輸出者の破産、会社更生法申請などの場合は、その輸出国の法律で規制されるので、注意が必要です。

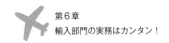

8. ARBITRATION

Any disputes, controversy or difference which may arise between the parties hereto, out of or in relation to or in connection with this Contract, or any breach hereof shall be settled, unless amicably settled without undue delay, by arbitration in (Tokyo), Japan in accordance with the rules of procedure of The Japan Commercial Arbitration Association. The arbitral award shall be final and binding upon both parties.

8. 仲裁

「この契約において、契約の違反もしくは当事者間双方の間で生じるすべての紛争、論争、意見の食い違いは、速やかに円満に解決できない場合は、日本の（社）国際商事仲裁協会の仲裁規則に従って解決するものとし、その判断は最終的なものとし双方を拘束するものとする」

貿易取引は、本来信頼をベースに行われれば契約書も必要ないのですが、現実には食い違いも多いものです。紛争が起きた時、どのように収めていくかを決めておくことは、重要でしょう。

9. TRADE TERMS & GOVERNING LAW

Trade terms such as FOB, CIF and any other terms which may be used in this Contract shall have the meanings defined and interpreted by the Incoterms 1990 Edition, ICC Publication No. 460, as amended, unless otherwise specifically provided in this Contract. The formation, validity, construction and performance if this Contract shall be governed by and construed in accordance with the laws of

Japan.

9. 貿易条件用語および準拠法

「この契約書で使われているFOB、CIF などの貿易用語は、別途定めがない限り、『インコタームズ 1990 年改訂版』、およびその後の改訂版に定義され、解釈された最新改訂版のものとする。この契約の成立・効力・解釈・履行は日本の法律を適用して判断されるものとする」

いわゆる準拠法です。どこの国の法律で判断されるかは、輸入者にとって、重要な条項です。

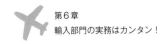

2 輸入手続きはフォワーダーに任せよう

契約が無事に完了すると、商品が発送され日本で受け取るのですが、この一連の作業はフォワーダー（運送貨物取扱業者）に依頼しましょう。

フォワーダーとは、運送から通関まですべてを一貫して請け負ってくれる頼もしい運送業者のことです。自身は運送手段（船、飛行機、トラックなど）を持っていませんが、貨物の運送を手配してくれます。

あなたの輸入量に関わらず、フォワーダーは船や航空機のコンテナを枠で持っていますので、そこに混載するなどして運んでくれるのです。

ネットで検索すると大手物流専門会社から専門業者までありますので、事前に接触してあなたの事情に合った提案をしてくれる業者を探しておきましょう。

業者にアプローチするタイミングは、メーカーから見積書（プロフォーマインボイス：

Proforma Invoice）が届いたときがベストでしょう。

プロフォーマインボイスを確認したら、約束したとおりに前金を送金してください。送金が完了するとメーカーは受注した製品を製造し、「運送はどうしますか？」と聞いてきます。

このタイミングでフォワーダーに任せるのです。海外メーカーからの商品の受け取りから日程調整、日本までの運輸を引き受けてくれます。

フォワーダーを選ぶポイントはいろいろありますが、あなたへの対応でまず選別していくことになります。実力や信頼度を探るためには、どういうルートが得意なのか、日本国内での店舗網、海外の拠点数、船会社との関係度、資金力なども見たいところでしょう。

迷ったときは、「これが最適です」とアドバイスしてくれる業者と組むといいでしょう。あなたの運びたい商品の荷姿、重さで輸送費用は変わります。従ってプロフェッショナルな提案をしてくれるところとおつき合いをしていきましょう。

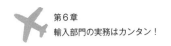

●用意すべき5つの書類

フォワーダーにすべて任せるとはいえ、あなたが用意しておかなければならないものがあります。輸入するとき、5つの書類（※フォームAは、輸入国によっては不必要）が必ず求められ、それがなければどうにもなりません。

ただし、あなたが作成する書類は1つもありません。メーカーなどが作成しますので、それをきちんとあなたが発行してくれるように依頼するなどして揃えていけばいいのです。

①インボイス（送り状、仕入れ書、納品・請求書）

メーカーが契約時に発行します。これに基づいてあなたは送金をしているはずです。必要ならメーカーに請求すれば発行してくれます。

②パッキングリスト（梱包明細書）

メーカー（輸出側）が発行し、あなたのところに送付されてきます。商品がどのような梱包、荷姿で発送されているかが一覧になっています。また、荷印も表示されています。

③運送書類（B／L＝船荷証券、またはAWB＝航空貨物輸送状）

B／Lをあなたが持っていないと、到着した商品を受け取ることはできません。とても重要な書類です。B／Lは、船会社がメーカーに対して「確かに受け取った」と証明する書類です。メーカーから「船会社に託しました」ということを示すために、FAXであなたのところに送られてきます。

それを確認したら、約束通りに商品の残金を送金してください。送金の確認がとれ次第、メーカから原本が送られてきます。原本はかなり遅れて到着しますので、急ぐときは送金の振込証明書をFAXしてすぐに発送してもらうことも可能です。

一般に航空貨物ではいろいろな荷主の荷物を混載業者がまとめて輸送契約を航空会社と結ぶので、あなたのところには混載業者が発行するHAWB（House Air Way Bill：混載航空運送状）が届きます。航空会社が混載業者に対して発行する航空運送状をMAWB (Master Air WAY Bill) と言い、両者を合わせてAWBと言います。必要なのはHAWBのみです。

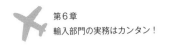

④保険証券

保険については後述しますが、無保険だけは絶対に避けてください。保険会社と包括予定契約をすると、自動的にこのあとも取引が発生するたびに保険がかかる仕組みとなっています。これもフォワーダーや通関業者に依頼すれば手配してくれます。

⑤フォームA（原産地証明書）

特恵関税を受けるために必要な書類です。

一般の関税と違い、開発途上国を支援する目的で輸入促進のために設けられた制度です。その適用国・地域からの輸入は他国より優遇された関税となります。現在、インド、フィリピン、ベトナム、トルコなど133（128カ国、5地域）の特恵受益国・地域、さらにその中からカンボジア、ラオスなど特別特恵受益国（LDC）46カ国が決められています（2019年4月1日現在）。どこが対象かは税関のホームページなどから入手できます。フォームAは、原産地の税関または商工会議所などが発行してくれます。通常はメーカーに対して依頼することになります。

※③と⑤は原本でなければなりません。

3 これだけは知っておきたい輸入ルール

さきほどの契約書の項目にある「⑥ Trade Terms（貿易条件）」（２３４ページを参照）について、少し詳しく解説していきましょう。

日本の国内では、メーカーに発注したらメーカー指定の物流ルートによって、商品が届きます。しかし、海外では購入者側が物流まで自分で手配するのが基本。つまりメーカーから「発注通りにつくりましたよ。取りにきてください」と言われた時点で、私たちが取りに行くのです。

物流費用をメーカーが持たないので、近い人は歩いて取りに行ってもいいし、遠い人は車で行ってもいい。そして海外である私たちは、自分では行けないのでフォワーダーの手を借りて物流を用意するのです。

このとき、**「誰がどこからどこまでの物流費を負担するのか」「誰がどこからどこまでの**

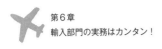

保険料や物流リスクを持つのか」などの条件を決めなければなりません。この条件を決めるときに、国際規則「インコタームズ」によって定められたルールを適用します。

2020年に改訂が行われて、現状は11種類の条件があります。まずは次の頻出する代表的な4つの貿易条件を押さえておいてください（その他の条件はジェトロのホームページを参照してください https://www.jetro.go.jp/）。

①EXW（Ex Works）工場渡し

海外の工場で直接、商品を引き取るときの貿易条件です。欧州との取引ではよく登場します。

商品自体の原価がハッキリ明示されるので、ものの真の価格を把握しやすいというメリットがあります。

実際にはフォワーダーを通して物流会社が引き取りに行きますが、引き取った時点からリスクと輸送費用はあなたが負担します。

つまり、その後の輸送中に事故などによって商品が破損したり、失われたりした場合、そのリスクはあなたが負うことになります。それをカバーするために保険をかけておきます。保険の費用はあなたが負担します。

②FOB（Free on Board）本船渡し

メーカー側が工場から輸出港（空港）まで運び、その運賃と通関・船積み費用を加えた価格を提示する貿易条件です。アジアでは一般的な条件で、私もこの貿易条件を推奨しています。日本の保険会社と保険契約を結べるからです。

この場合、船積みされるまではメーカーの責任となり、そのあとはあなたがリスクを負います。

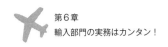

③CFR（Cost and Freight）運賃込み

工場から現地港（空港）さらに、あなたが指定した日本の港（空港）までの運賃を加えた価格を提示する貿易条件です。これは、日本の保険会社を利用しやすいという理由で好まれるのですが、輸入に関してはあまり提示されません。

このとき価格に運賃が含まれていますが、②と同様、船積み後のリスクはあなたが負担します。

④C－F（Cost, Insurance and Freight）運賃保険料込み

③に、海上または航空の保険を含めた価格で提示される貿易条件です。アメリカとの輸出取引時に比較的多く見られます。メーカーによっては自分たちが使っている保険を適用したいからと、この条件を提示してくることがあります。

このように、契約ではTrade Terms（貿易条件）がとても重要な意味を持ちます。海外メーカーからは、「この条件で」と提示されることが多いはずですが、私は、**①EXWか②FOBをオススメ**しています。もしそれ以外の保険含みの条件を提示されたときは、あなたからメーカーへ「日本の保険会社を使いたいのでEXWもしくはFOBでお願いします」と伝えるといいでしょう。

実際の物流業務はフォワーダーがすべて手配してくれるのですが、この貿易条件は、輸入ビジネスをするあなたと、相手方のメーカーで話し合って決めなければなりません。

どの貿易条件にするかによって、納期の意味は変わります。

例えば①ＥＸＷなら、工場で渡すことができる日のこと。②ＦＯＢなら、メーカーが工場から船または飛行機に商品を乗せる日付のことです。ここは重要です。

あなたの手元に届く日ではありません。**メーカーと交わした契約（発注書）の納期は、メーカーとしてやるべきことをしなければならない期日**です。

そのあとに実際にあなたのところに届くまで何日かかるか、さらにお客様のところへ何日までに納品できるかは、フォワーダーと相談して計算しなければなりません。

ここをあなたの独自判断で不確実な日を、日本のお客様に伝えてしまうと信用問題になりますので、十分に気をつけてください。まして契約上の納期をお客様に間違って知らせてしまわないようにしましょう。

4 代金の決済方法

代金の決済方法は、基本的には分割で考えます。発注して製造にとりかかったら30％を振り込み、商品が船積みされたら残り70％を振り込みます。この割合とタイミングはあなたとメーカーとの交渉で決めますが、３対７は納得されやすい比率です。

振り込みは、銀行からの電信送金をオススメしています。手数料はかかりますが、安全で確実だからです。

銀行によって手数料には違いがあります。海外送金の場合、送金手数料でまず比較します。次に海外中継銀行手数料（相手国の指定する銀行とあなたが口座を持っている銀行をつなぐ銀行への手数料）、そして為替手数料またはリフティングチャージを気にすることになります。

「小額の場合は、一括で払ってください」とメーカーから頼まれることもあります。この場合は、送金の手数料を考えて決めればいいのです。私は、20万円以内なら一括で送金し、それ以上の場合は分割にして欲しいと交渉しています。

なお輸入と言えば、信用状（L／C）による取引を思い浮かべる人もいるかもしれません。ですが、手続きなどは複雑になりますし、銀行との交渉もありますので、今すぐ使える手段ではありません。今後、輸入ビジネスの拡大に伴って考えていけばいいことでしょう。

円やドル、ユーロなど為替レートは時々刻々と変化します。円高になったり円安になったり、急激な動きのときは大きなニュースにもなります。

これに対処する方法としては、為替予約、通貨オプションがよく知られています。いずれも手数料がかかることですから、どこまで実行するかは慎重に考えていかなければなりません。この点については、絶対に安心な方法はないので、あなた自身で研究を積まれるといいでしょう。

とはいえ、「難しい」「わからない」とまったく何も手を打たないのでは、輸入ビジネスを続けていく上では心許ないので、いくつかの対応策を考えてみましょう。

①**輸入コストを高めに設定する**

現在のレートで計算した輸入コストではなく、この1年ほどの為替の変動を見て、円安に振れて損が大きくならない程度に、あらかじめ輸入コストを高く設定します。それを価格に反映させておくことで、ある程度の変動をカバーします。

②**円建てで契約する**

円建てで契約すれば、メーカーは円で受け取るので、こちらの為替リスクはゼロとなります。一方、メーカーの為替リスクが増大しますので、状況によってはこの交渉はなかなか大変でしょう。円で受け取ることを了承してくれるかはメーカー次第です。

③**決済用外貨資金を用意しておく**

決済に使う通貨（ドル、ユーロなど）をあなたが用意しておくのです。この場合は、すでに円から海外の通貨に交換されていますから、そのまま送金ができます。つまり、「今、円から相手の通貨に変えて送金するか、手元の相手通貨をそのまま送金するか」を、その時々の為替レートによって判断すればいいのです。

④ＦＸの利用

ＦＸは、外国為替証拠金取引のこと。主に為替リスクのヘッジ、投機の目的で利用されている仕組みです。ＦＸ口座を開き、証拠金を入れると、とても安い為替手数料で外貨に交換が可能になります。これを使って送金することで、手数料全体を下げることができます。ただし、まずＦＸについての知識があることが前提ですし、送金がどのような金融機関を通して行われるのか、確実性などについても、あなたのリスクとしてよく知っておかなければなりません。

なお、現在、マネーロンダリング（資金洗浄）に対する国際的な取り締まりが厳しくなっていることもあり、海外送金については日本でも厳しくなる一方です。あまりにも難しい裏技に走って、疑われるようなことがあってはつまらないので、手数料をある程度は払ってでも、正規のルートで送金したほうがいいのです。

5

検品はどこでやるか？

輸入はしてみたものの、この商品をお客様に納品して大丈夫だろうか――。輸入ビジネスをはじめた当初に、多くの人が抱く不安の1つです。

だからといって、あなたが倉庫へ行き、検品と称して商品のパッケージを開けてしまう、といったことはしないほうがいいでしょう。商品にもよりますが、**あらかじめ決めた荷姿で到着しているのなら、そのまま販売先である問屋や小売店へお届けします。**

すべてを検品できるわけではないですし、もし全部、箱から出してしまったら、元に戻すのも大変です。

第一、一度開封した痕跡のある商品が届いたら、問屋や小売店はその時点で「不良品」と判断してしまいます。

つまり、契約時にメーカーと包装について相談して決めているのですから、そのままの姿で納品したほうがいいのです。

ただし「不良品はお取り換えします、返品も受けつけます」とお客様には約束しておきましょう。

確かに、不良品については心が痛む面もあるかもしれませんが、どのような商売にもつきものです。返品・交換で対応していくのが実務的です。

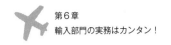

6 海外のメーカーとトラブルが起きたらどうする？

ビジネスにはトラブルがつきものです。どのような仕事でも、けっこうな割合をトラブルへの対処に費やしているはずです。輸入ビジネスも同様で、きちんと進めていっても、トラブルは起こります。

「契約したのだから、やってくれて当然」というわけにはいきません。海外との取引ということもあって、なかなかそう簡単ではないのです。

契約時に確認したことでも、ちょっとした食い違いや認識違いから、例えば包装の仕方が完全ではなかった、といったトラブルに発展します。

このようなトラブルは、メーカー側に根気強く改善を求めていってください。

また、品質については、文化の違いも大きいので、「日本で販売するためには」という

メーカーとの間に起こり得るトラブル例

品質不良	サンプルと比べて品質が違う、劣る
規格相違	契約した商品と規格や仕様が違っている
量目不足	品数が少ない
包装不良	契約時に確認した包装と違い、そのため荷痛みが発生した
船積相違	違う商品が送られてきた
船積遅延	納期に船積できていない

視点からメーカーにきちんと問題点を伝えていく必要があります。

例えば、海外では多くの人たちが外箱に多少の傷があっても、中の製品に問題がなければそれで良しと考えています。でも、日本では、傷のある箱の製品は誰も買いません。ワケあり商品となってバーゲンの対象になってしまいます。

このように、「品質」と言っても、何がどう良くて、何がどうダメなのかは、話し合ってお互いに理解を深めて解決していくのが前提です。

このとき、「クレーム（claim）」という言葉を使わないように、注意してください。私たちはいろいろな文句や、場合によっては難癖までも「クレーム」と表現していますが、海外では、これは「損害賠償」

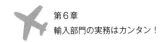

の意味で使われています。

「日本のお客様から、そちらの商品にクレームがあってね」と言えば、相手は真っ青になって「冗談じゃない、なんで損害賠償なんだ」とトラブルになる可能性もあります。

この場合は、「make a complaint」などの表現で伝えてください。

争いがあまりに激しくなった場合には、当事者同士では解決できなくなる事態もありえます。ここで、調停、仲裁、訴訟といった法律に基づいた紛争の解決へと進む可能性が出てきます。

相手またはあなたが、調停や仲裁や訴訟を申し出たとしたら、いずれにせよ、すでに円満な解決はありえない状態になりますから、どのような決着がついたとしても、たとえ和解したとしても、元の関係には戻れません。

あなたが取るべき道は、争いに勝つことではなく、輸入ビジネスを発展させていくことにあるはずです。少人数で高い粗利益率を実現し、永続的に事業を発展させていくことが目的です。そのことをよく考えてください。

つまり、トラブルが発生したとき、一方的にメーカーの責任を言いつのるではなく、ビジネスパートナーとして契約をした関係から、一緒に対策を考えていく姿勢を見せていくのです。

「このままでは日本市場での信用を失う」となったら、それはあなただけではなく、メーカーにとっても大きな痛手になるからです。

今後も取引を継続し、**一緒に日本市場で成功するためにはどうするか。そのような視点から対応をして欲しい**のです。交渉や提案はいいのですが、争いは避けるように大人の対応を心がけましょう。

例えば、問題があった場合、次回の取引で割引きをしてもらうといったことで、お互いに納得して先に進めるように解決をしていくのが実務的と言えます。

7 日本国内でのトラブル

輸入ビジネスをする場合、あなたは「日本国内ではメーカーの立場になる」点を忘れないでください。**輸入した商品はＰＬ法（製造物責任法）の対象**になります。日本の消費者は海外メーカーに直接、不具合などを訴えることができないため、輸入元であるあなたがその責任を引き受けることが義務づけられています。

「責任重大だなあ。気が重いなあ」と思われるかもしれませんが、安心してください。ちょっとしたことを守りさえすれば、あなたはメーカーとしての責任をきちんと果たせるのですから。

商品に欠陥があって損害が発生した場合に、日本の消費者はあなたに対して損害賠償を請求することになります。欠陥とは、安全性を備えていない商品とみなされた場合です。

なおかつ、人やものに損害が発生したときに問題になります。
そこで、あなたは商品の安全性について、しっかり対策を取っておく必要があります。
次の３つのポイントを必ず守ってください。

① 不安を感じた商品は輸入しない

あなたが「これは安全性に問題がある」と感じた商品は輸入しないこと。不安がちょっとでもあればやめておきましょう。

展示会へ行けばわかりますが、世界には数えきれないほどの魅力的な商品があるのです。その中から、なぜそれを選ぶか。そのときに安全性を考慮しておけば防げるのです。

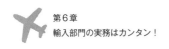

② 説明書をつくる

消費者が間違った使い方をしたり、安全ではない用途に使用しないよう、説明書、注意書きをしっかりとつくって同梱またはパッケージに貼りつけるなどしてください。実際に、ネットなどで商品のレビューを見ると、かなりの率で「日本語の説明書がなかった」とか「使用方法がよくわからない」といった声があります。これは海外の商品をただ直接的に販売しているからで、このような業者は私の考えている輸入ビジネスを営んでいるとは到底言えません。あなたはメーカーの立場に当たるわけですから、説明書、注意書きまでしっかりとつくっていく必要があるのです。

③ビジネス総合保険に入る

あなたがビジネス総合保険に入ることはもちろんですが、海外メーカーもそれに準じた保険に入っているか、日本からの訴訟をカバーできるかを確認しておきましょう。ちょっとしたミス、間違いが、取り返しのつかない事態へ発展することもゼロではないのです。万全の対応をしておきましょう。

なおビジネス総合保険に基づく対策については、商工会議所、全国中小企業中央会、各保険会社などに相談することもできます。

8 入っておくべき2つの保険

保険の話が出たところで、輸入ビジネスをはじめるときに必ず入っておくべき2つの保険について紹介しておきましょう。

ただし、保険会社と交渉して加入するのではなく、このどちらもフォワーダーで対応してくれますので、あなたは内容を検討して決めるだけです。

●海上保険

海外の保険会社と取引などがある場合は別ですが、通常は、日本国内の保険会社で海上保険に入っておきましょう。

私は、**「オールリスクA／R条件」の保険に入ることをオススメ**しています。オールリスクと言っても、あらゆるリスクに対応しているわけではありません。この保険でカバーできないもののうち、戦争とストライキに関しては、特約で追加して加入します。

メーカー側が自分たちの取引条件としてCIF（258ページを参照）を提示し、メーカー側で保険に入っている場合もあるかもしれません。それでも私は日本での保険も同時にかけておきます。メーカー側の保険の内容が完全なものかわかりませんし、損害が発生したときの対応なども、どの程度きちんとやってくれるのかわからないからです。

例えば海外の海上保険では、同じオールリスクでも「TPND」（盗難、抜き荷、不着）が含まれていない場合もあります。日本の保険では、オールリスク条件に含まれているので安心です。

日本の保険会社を使うことで、煩雑な海外の保険会社とのやりとりを回避できます。

●ビジネス総合保険

以前は商品の欠陥により人の財産、生命、身体に被害があった場合に、その相手に賠償しなければならない賠償金や訴訟費用をカバーするPL保険で対応していました。しかし2020年6月にこの制度は終了し、PL保険を含んだ総合的な保険「ビジネス総合保険制度」へ一本化されます。内容的には、従来のPL保障、リコールによる賠償責任に加え、施設、業務遂行など多岐にわたっているので、確認の上、ご加入ください。

9 在庫はどれぐらい必要か？

● 在庫管理も委託する

あなたの商品が日本に到着しました。

「え？　まさかうちに届くんじゃないですよね。狭いオフィスなので置くところがないんです」と慌てることはありません。

フォワーダーは、依頼すれば、到着した商品の通関、保管、取引先への配送まで手配してくれます。というより、一環して受けてくれるフォワーダーとビジネスをしていかなければなりません。

「家や事務所に置けばいい」という人が意外に多いのに驚かされます。物流費を抑えようと考えているのでしょうが、私は物流に関わることをオススメしません。

在庫管理や発送業務は、想像以上に手間と労力がかかります。

注文が入れば、毎日毎日、自ら伝票をつくって発送手配をしなければなりません。この作業はかなり負担になりますし、そもそもあなたのやりたいことではないでしょう。

輸入ビジネスを継続していくために、あなたが全精力を傾けるべきは、売り上げを伸ばすことです。毎年、確実に扱う商品数を増やし、売り上げを増やしていかなければ、おもしろくないはずです。

在庫管理や物流に時間を割かれてしまうと、売り上げを上げるための活動にかける時間が圧迫されます。すると「これ以上、売り上げると手が回らない」と活動をセーブしようとする気持ちが働くかもしれません。そうならないためにも、販売と同様に在庫や物流も専門家に任せてしまうことが大事なのです。

●ランニングストックを考える

在庫と聞くと「デッドストック」つまり「売れ残り」を連想してしまいがちですが、私があなたに考えて欲しいのは「ランニングストック」です。商品を継続して販売していくために不可欠な在庫のことです。

あなたの事業年度があるように、販売してくれる小売店にも事業年度があります。それぞれに売り上げの目標があり、がんばって達成しようと活動をしています。小売店から「今年度内に、あと100ケース欲しい」といった注文がきたときに、「うちは無在庫でやっていますので、今から発注すると到着は3カ月後です」などと言ってはいられません。これでは取引先に対して責任を果たしているとは言えないでしょう。

そこで、**常に取引先からの要望に対応できるようにランニングストックを持っておくべきです。**

在庫を持つと言っても、輸入ビジネスは粗利益率が高いシステムですので、根本的に在庫の意味合いが国産品とは違います。

例えば、展示会に出展して、その場で1000個のオーダーが入ったとします。メーカーに1000個発注したのでは、在庫はゼロです。

この商品の価格を原価の5倍で設定しているなら、計算上、仕入れた数のうち2割が売れればプラスマイナスゼロになります。経費を考えても3割売れればプラスになるはずです。たとえ残り7割をいくらで販売したとしても、すべて利益になるのです。

1000個のオーダーが入ったときは、5000個発注して4000個残ってもプラスマイナスゼロ。

従って、3000個くらいまでは発注しても大丈夫という計算になりますね。

さすがにそれは一度に発注するにはリスクが大きいと感じれば、倍の2000個でいかがでしょう。すでに半分は売れているので利益が出ています。

「在庫がたくさんあるとプレッシャーになるのでは？」と思うかもしれませんが、あなたの家の中に積まれているわけではなく、物流業者の倉庫にあるわけですし、むしろそれがあなたの自信や責任になると私は考えています。

そもそも気に入った商品だから契約し、日本に持ってきたわけです。その自信や責任が、在庫の数となって表れているのです。

だからといって過剰な在庫を抱えてしまえば、プレッ

仕入数	1,000 個	1,000 個	1,000 個
仕入単価	10 円	10 円	10 円
総原価	10,000 円	10,000 円	10,000 円
販売単価	50 円	50 円	50 円
実売率	10 割（1000 個）	2 割（200 個）	3 割（300 個）
総売上	50,000 円	10,000 円	15,000 円
総粗利	40,000 円	0 円	5,000 円

シャーどころではありませんから、そこは冷静に判断しなければなりません。

「在庫以上のオーダーがあったらどうしよう」と不安ですか？

もし在庫がぜんぜんなくて、「その数に応えられるのはかなり先」と返事をしてしまったのでは、商売としては少し残念です。

「今すぐ１０００個はお渡しできます。残りは２カ月後になります」と言えたほうが、商売をやっている人として、より信頼されるのではないでしょうか。

10 メーカー、販売店との関係を保つコツ

輸入ビジネスも商売です。商売の基本である営業活動をしっかりやっていきましょう。あなたが事業の主体として活動していくことが商売の醍醐味のはずです。だからこそ売れたときの喜びもより大きくなるでしょうし、その体験こそがあなたの輸入ビジネスを3年後、5年後への継続へと導いてくれるのです。

●卸価格はどう決める？

販売店に卸すときに、卸価格をどう設定するか。そこにあなたの姿勢が明らかになります。

私は、相手の規模や形態に関係なく、一度に発注してくれる数量で決めることをオススメしています。

輸入ビジネスでは、量が増えるほど1個あたりの輸送コストが下がっていくからです（106ページを参照）。たくさん発注してくれるお客様を優遇するのは合理的です。

原価５００円の商品を輸入し、小売価格を２５００円（5倍）で設定したならば、１個単位の発注の場合、卸価格は小売価格の60％としておきましょう。つまり２５００円×０・６で１５００円ということになります。カートン単位でメーカーから届いているとき、半カートンをまとめて注文してくれるなら50％、１カートン単位で発注してくれるなら45％で卸すようにします。卸価格はこれだけ。シンプルで公平です。

日本の商慣習では、これほど合理的ではなく、相手の業態で変化していきます。問屋向け、百貨店やチェーン店向け、小売店向けで、卸価格を変えていきます。問屋向けがもっとも安く、小売店向けだと高くなる、といったやり方が一般的です。

ですが、私の経験上、**輸入ビジネスは相手の業態ではなく、発注数量である意味平等に対応していくのがベストです。それによって、今後の営業もより公平でスムーズになっていくからです。**

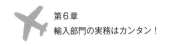

●会う機会を増やす

すでにお話ししたように、メーカー、販売店のトップと一度は会うこと。そこから関係をスタートしていくのです。

そして次のステップとして、会う機会を増やすように心がけましょう。

海外の場合は、定期的にメーカーが出展している展示会に顔を出して、会う機会を増やします。

国内の場合はあなたが定期的に展示会に出ることで、取引先や以前の取引先などと継続的に会うことが可能になります。

PR活動をしっかりやって話題を提供しながら、直接会う機会をきちんと持つことで、その話題を商売につなげていきます。こうして商売の輪は広がっていくのです。

あなたは輸入ビジネスをはじめたばかりなのです。メーカーや販売店からいろいろなことを教わって、よりよいビジネスへと改善していく立場にあります。

こちらの思いを伝えるのがPRなら、メーカー、販売店との営業活動は、相手の思いを聞く活動だとも言えます。

どのようにすれば、もっと多くのファンが増えるのか、お客様が増えるのか、謙虚な姿勢でそのヒントをいただき、あなたのビジネスに反映させていきましょう。

会う機会が増えれば、あなたの熱意を相手に伝えることができます。また、ヒントをもらえるだけではなく、人を紹介してくれるチャンスも増えます。同業他社や似たようなビジネスをしている人はもちろん、あなたの悩みの解決策を持っている人に出会える可能性だってあるのです。

ＳＮＳやネットはとても便利ですが、それだけで活動していると、こうした人のつながりはなかなか生まれません。あなたも積極的に営業活動をしていきましょう。

輸入ビジネスは、海外の文化を日本に紹介し、メーカーも、あなたも、販売店も、そして消費者も喜ぶ四方良しのビジネスです。情熱を傾けるに値する仕事です。

そして、この情熱こそが、多くの人の心を動かすのです。

あなたの輸入ビジネスに幸あらんことを！

おわりに

私は、本が書きたくて書いたわけではないのです……。

「ああ、いい本だった」と、ほめてもらいたいわけでもないのです……。

あなたへ一刻も、一刻も早くお伝えしなければならないことがある……。

これを知らなければ、あなたのビジネスが立ち行かなくなってしまう……。

これを知らなければ、あなたの会社が確実に時代に取り残されてしまう……。

これを知らなければ、あなたの会社がこれ以上成長できなくなってしまう……。

そんな、言いようもない危機感をもって、この貴重な貴重な情報をいち早くあなたへお伝えしなければならないという使命感のもと、緊急に筆をとったのです。


そして、今、こうしてここまで辿り着いたあなたは、こう思っているかもしれません。

「ああ、参考になった」「そうだな……いつかやらなければなぁ」

しかし、あなたは明日からまた忙しい日常に戻っていき、この本で得られたこと、いや本の存在すらも忘れて、日々の仕事に埋没していってしまう……それではいけません。実行に移して欲しいのです。


私の小さい頃の夢は、外交官になることでした。

ですが私は、大学入学後に目的を失い、挫折し、大学を留年してしまいました。

翌年、受けた就職試験は、すべて不採用。

卒業式寸前の土壇場、2次募集枠でとあるメーカーにやっとの思いで入社。

そして、入社後、3年目にしてその会社の最優秀営業員賞を獲得したものの、日本型ビジネスの限界に気づいた私は、悶々と満たされない日々を送っていました。

一度きりの人生、本当にこのままでいいのだろうか？

自問自答を繰り返す日々が続きました。そして、ある日ひとつの決断を下すこととなります。

それは、輸入ビジネスの世界に飛び込むことでした。

幼き頃にあこがれた海外への夢が捨てきれなかったのです。

そしてときは流れ、２００９年１月、28年間続けてきた実業家としての輸入ビジネス人生に終止符を打ったのです。

14年前に処女作を出版したことにより、輸入ビジネスマンだった私の人生は激変しました。公的機関などの多くの人にアドバイスを求められ、コンサルティングを依頼されるようになったのです。

しばらくは輸入商と貿易アドバイザーという二足のわらじをはいて活動しましたが、現役で輸入商をしながら、人に教えることに矛盾を感じるようになったのです。

私のコンサルティングでは、クライアント様と一緒に海外の展示会に行き、彼らの意向を聞いた上で私が、リアルに独占販売権の獲得交渉をやってみせます。

ですから、ときに同じ商品を巡ってクライアント様と私の会社との利害が真っ向からぶつかるときがあります。クライアント様にコミットし、深く入っていけばいくほど自社のビジネスとぶつかることに気がつきました。

これが、苦悩の始まりです。

アドバイザーとしては、クライアント様の利益を優先させなければならない立場にもかかわらず、心のどこかで真にクライアント様の成功を祈っていない自分に気づいてしまったのです。私は困惑し、この矛盾に対して苦悩しました。

自分では「一生懸命・誠心誠意」教えているつもりでも、どこか肝心なツボだけは、教えていないのではないかと、葛藤する自分の心に気づいてしまったのです。

私は、自分自身を責めました。そして、どちらかを選択するしかないというところまで追い込まれていきました。

アドバイザー業をやめて、輸入商に専念するのか？　もしくは、これから輸入を目指す若き情熱家のために残りの人生を捧げていくのか？

そのときの私には、すでに両方を続けていくという選択肢は消え失せていました。

そのまま両方続けていては、信じてくれるクライアント様に申し訳ないと心底思ったのです。

そして、決断しました。自分程度の輸入商なんて、世の中にたくさんいると。

2009年1月。私は、輸入コンサルティング会社の「インポートプレナー」を立ち上げました。これは、すなわち輸入商としての自分への決別でもありました。もう、後戻りはできません。

さらに、2019年には、構想16年にも及ぶ長年の夢であった「一般社団法人　日本輸入ビジネス機構（ＪＡＩＢＯ）」の立ち上げに寄与し、初代理事長に就任したのです。


そして今の私は、日々充実感あふれる毎日を送っています。

死生観をもって、今を一生懸命生きる！

今、目の前のあなたにだけ集中し心を注ぐ……。

仮に明日この命が朽ち果てようとも……。

私のミッションは、「日本人の国際競争力、国際的価値を世界ナンバー1にする」ことです。

来るべき関税フリー時代に向けてこのミッションに私の残りの人生を注いでいます。


本文で再三お話ししたように、今、我が日本は、世界と競争するのか、競合するのか、選択を迫られているのです。

こうした時代だからこそ、われわれ日本人は、「輸入ビジネス的思考法」が必要とされています。

早急に、この環境の変化に対応していく必要がでてきました。「一般社団法人　日本輸入ビジネス機構（ＪＡＩＢＯ）」を立ち上げた理由もそこにあるのです。

この緊急性の高いミッションの早期実現のため、私は現在3つの活動に特化して、その「輸入ビジネス的思考法」をお伝えしています。

1つ目は、著述活動です。

現在まで、この本を含めず10冊を世に問うてきました。

あなたの熱い支援のおかげでいずれもベストセラー、ロングセラーとして今なお、輸入ビジネスのバイブルとして読み継がれています。

また輸入ビジネスの最新情報を包み隠さずお話ししている無料のメールマガジンは、読者数2万5000部を誇る、『日本一の輸入ビジネス必読メルマガ』(https://yunyu-bible.com/?p=213)として高く評価されています。お役に立てますからぜひ手に入れてください。

2つ目は、講演・セミナー活動です。

現在までに、1万2000人を超える方に参加をしていただいています。

本当、本物の輸入ビジネスは、ときがたっても決して色あせることがないことの証明です。

本書を読んで、挑戦したいと思ったあなたは、ぜひ愛（会い）にきてください。（戦略的輸入ビジネス構築セミナー初級編　https://importpreneurs.jp/seminarbeginner/）私は、同志のあなたをとびっきりの笑顔でお迎えいたしますから。

そして3つ目は、前述した海外でのコンサルティングです。あなたと海外の展示会にご一緒し、外国人との交渉の仕方、独占販売権の取得法を全部包み隠さずお見せします。（海外実践講座　https://importpreneurs.jp/projectlegend/）これは、単なる座学ではなく、実際に海外の展示会の現場にクライアントであるあなたと同行し、要望をその場で実現する様を見せることにより、私の交渉術をそっくりそのまま会得してもらうというものです。単なる商品の発掘ではなく、クライアント様に対人折衝という永遠のスキルを与える、「日本で唯一無二の海外で行う実践的な講座」です。

おかげさまで、1995年に第1回の海外実践講座を6人でスタートさせてから、14年間で920人の受講者を輩出してきました。私は、その920人とお一人お一人とお会いし、国内での事前打ち合わせをしました。そして海外で一緒に同行する前にも、クライアント様の要望を確認してからそれぞれの方とマンツーマンで指導を行ってきました。「もし一度でも、私を信じてくれた方々の期待に沿えなかった場合、潔く引退しよう！」と心に決めながら……。

これからも私は輸入ビジネスの伝道者として残りの人生を、輸入ビジネスを志すあなたのために費やす決断をしています。

これらの活動を通じてあなたに、もっともっと輸入ビジネスの圧倒的な優位性と楽しさを伝えていきたいと考えているのです。

最後になってしまいましたが、この本が世に出るきっかけを与えてくださった方々に心からの御礼を述べさせてください。

今回の私の思いを理解して出版を推し進めてくださった明日香出版社の久松圭祐様。心からの感謝をこめて言わせてください。ありがとうございます。

そして私のかけがえのない仲間たちである、インポートプレナーズクラブ（https://importpreneurs.jp/member/）の会員の皆様へ。あなた方は私のかけがえのない宝物です。あなた方の応援なくしては、この天職を全うすることはできません。いつもどんなに勇気をもらっていることか……これからも共に加速進化しましょう。

星の数ほどの感謝をこめて……ありがとう！

また、私のアドバイスを忠実に実行してくださったクライアントの皆様へ、本当にありがとうございます。皆様の成功は私に大きな確信を与えてくれました。ありったけの感謝をこめて。

講演、セミナーを熱心にお聞きくださったあなたへ。あなたがたの熱心に聞いてくださる姿にどのくらい励まされたか……。心からの感謝をこめて言わせてください。ありがとうございます！


そして、陰で何も言わずに支えてくれた、家族にはありったけの愛と感謝をこめてこう言わせてください。

あなたたちは、私の何ものにも代えられない財産です。

これからも見守ってくださいね。とくに年間１００日を超える海外出張のために留守がちな私に代わって家を守ってきてくれた妻には、言葉で言い尽くせないほどの感謝を捧げたい……ありがとう！　君がいなければ、私は自由に海外を飛び回ることなど到底不可能だったでしょう。信じてここまでついてきてくれて本当にありがとう。胸がいっぱいです！

そして、そして、最後になってしまいましたが、ここまで一緒に辿り着いたあなた！

ありがとうございます……。

私は、あなたを思いながらこの本を書きました。次はあなたの番です。そしてあなたの輸入ビジネスに何かあったらいつでも下記宛にご連絡くださいね。(info@importpreneurs.com)

たとえ世界中のすべての人があなたの敵になったとしても、あなたの輸入ビジネスにはいつも大須賀祐がついていますから……。

胸にこみあげる熱い思いを抑えながらそっと筆をおきます。

奇跡的に出会ったあなたにありったけの愛と感謝をこめて！

モルジブにて

一般社団法人 日本ビジネス機構 理事長　大須賀 祐

■著者略歴

大須賀　祐（おおすか　ゆう）

一般社団法人日本輸入ビジネス機構理事長
日本貿易学会 正会員
ジェトロ貿易アドバイザー(現：AIBA 認定貿易アドバイザー)
株式会社インポートプレナー 最高顧問

早稲田大学卒。東証一部上場企業入社後、3年目で最優秀営業員賞受賞。しかし国内ビジネスに失望し、会社を退社。輸入ビジネスに身を投じる。

2004年当時わずか合格率8.4%の狭き門「ジェトロ認定貿易アドバイザー」を取得。

現在は輸入ビジネスアドバイザーとして、クライアントとともに年間100日強を海外で過ごし、全世界的に活躍中。また中小企業向けに利益倍増のための新規事業戦略としての輸入ビジネスを提唱し大人気を博している。

セミナー受講者は、約12,000人、海外での実践講座のクライアント数は、2020年2月時点で920名を超え、今なお数多くの成功者を輩出。

その圧倒的な実績によりクライアントからは「輸入の神様」と称されている。また、輸入ビジネス界に対する多大なる貢献により、歴史と伝統ある日本最大にして最高の権威を有する貿易の学術団体「日本貿易学会」の正会員に推挙され、貿易会の発展にも寄与している。

2019年、輸入ビジネスという考え方を広めるため、一般社団法人日本輸入ビジネス機構理事長に就任。

著書に、『初めてでもよくわかる 輸入ビジネスの始め方・儲け方』(日本実業出版社)、『貿易ビジネスの基本と常識』(あさ出版)、『ホントにカンタン！誰でもできる！個人ではじめる輸入ビジネス 改訂版』(KADOKAWA) などがある。

・「インポートプレナー」のHP
https://importpreneurs.jp/
・「世界初！ 365日動画でわかる輸入ビジネス」
https://yunyu-bible.com/?p=213
・無料メールマガジン
https://importpreneurs.jp/mailmagazine/
・「一般社団法人日本輸入ビジネス機構」のHP
https://jaibo.jp/

本書の内容に関するお問い合わせは弊社HPからお願いいたします。

実《じつ》はとっても簡単《かんたん》！　儲《もう》かる輸入部門《ゆにゅうぶもん》のつくり方《かた》・はじめ方《かた》

2020年　4月　19日　初版発行

著者　大須賀《おおすか》祐《ゆう》
発行者　石野栄一

明日香出版社
〒112-0005 東京都文京区水道 2-11-5
電話 (03) 5395-7650 (代表)
(03) 5395-7654 (FAX)
郵便振替 00150-6-183481
http://www.asuka-g.co.jp

■スタッフ■　編集　小林勝／久松圭祐／古川創一／藤田知子／田中裕也
営業　渡辺久夫／奥本達哉／横尾一樹／関山美保子／藤本さやか
財務　早川朋子

印刷　株式会社文昇堂
製本　根本製本株式会社
ISBN 978-4-7569-2083-6 C0063

編集担当　久松圭祐

ISBN978-4-7569-2052-2

社員ゼロ！きちんと稼げる
「1人会社」のはじめ方

山本 憲明 著

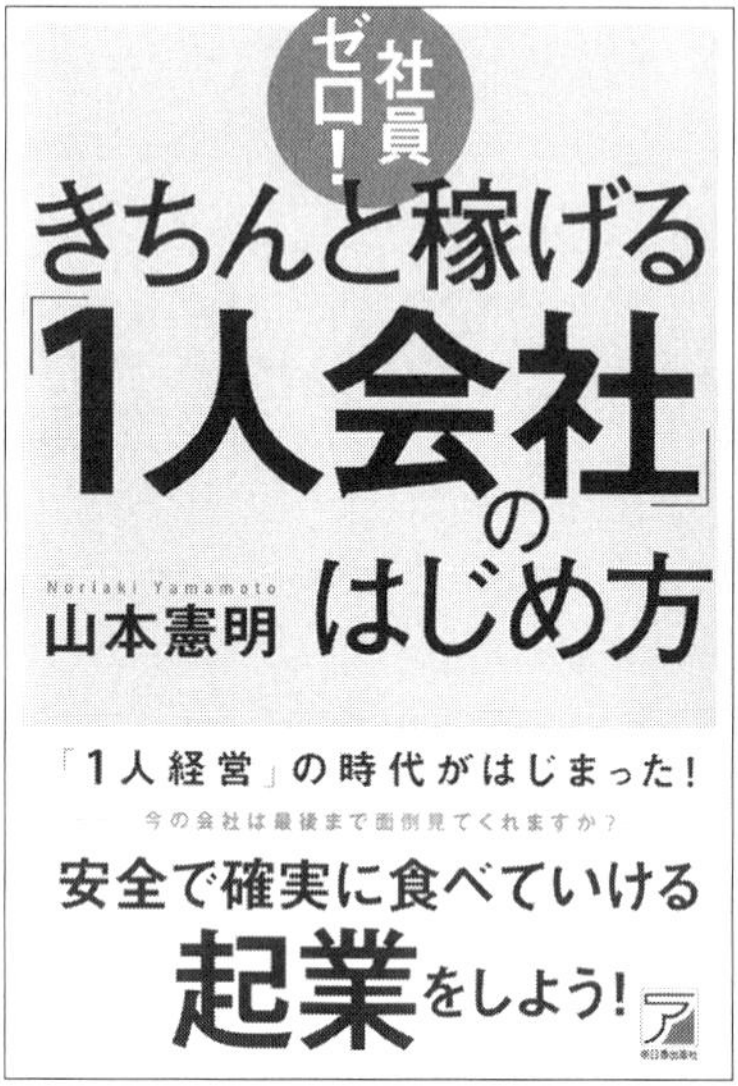

サラリーマンとして働いているが、この先独立して自分自身で食って生きたいと考えている。でも、失敗するかもしれないし不安だ……という方は多いでしょう。でも大丈夫。身の丈に合った堅実な働き方が成功の糸口です。独立・起業をめざして、どのように進めていけばいいか、どのような志をもっていればいいかなどをまとめました。

本体1500円＋税　B6判　248ページ